Hallo, liebe Schülerin, lieber Schüler!

Dein neues Religionsbuch begleitet dich ein Jahr lang im Religionsunterricht. Du gehst nun schon in die 3. Klasse und du kannst schon selbst lesen und schreiben. Wahrscheinlich wirst du dir auch über manches, was du in deiner Umgebung, zu Hause oder in der Schule beobachtest, nun selbst deine Gedanken machen, dich **fragen** und nach Erklärungen suchen.
Was kann dein neues Religionsbuch dir dabei anbieten?
Du entdeckst viele Geschichten von Menschen, die interessante, wichtige Erlebnisse hatten, in denen sie auch Erfahrungen mit Gott gemacht haben. Auch Erzählungen von Kindern in deinem Alter wirst du finden, über die ihr miteinander sprechen und nachdenken könnt. Vielleicht hast du Ähnliches wie diese Kinder schon selber erfahren oder gedacht. Alle diese Geschichten, die vielen Bilder und die Lieder in diesem Buch laden dich ein zum Lesen, Anschauen, Singen, zum Fragen und zum Nachdenken. Sie alle wollen dir helfen nach Antworten zu **suchen**, die für dein Leben wichtig sind. Auch ganz Neues kannst du **entdecken**, was z. B. Menschen der jüdischen Religion glauben und wie sie leben oder wie die Bibel entstanden ist.

Eine Zeit lang wird auch Relix noch dabei sein, aber dann wird er sich verabschieden. Vielleicht kannst du dich auch nach der Schule für dein Religionsbuch interessieren und es manchmal zur Hand nehmen.

Herzlich willkommen im Religionsunterricht!

fragen – suchen – entdecken
Religion in der Grundschule 3

Herausgegeben von
Dr. Barbara Ort und Ludwig Rendle
mit Beratung von Prof. Dr. Lothar Kuld

Erarbeitet von
Michael Bauer, Inge Höpfl, Peter Riel, Ulrike Wolf

Illustriert von Eva Czerwenka

Zugelassen als Lehrbuch für den katholischen Religionsunterricht von den Diözesanbischöfen von Aachen, Augsburg, Bamberg, Berlin, Eichstätt, Erfurt (für den Bistumsanteil in Thüringen), Essen, Fulda (für den Bistumsanteil in Thüringen), Hamburg, Hildesheim, Köln, Limburg (für den Bistumsanteil in Rheinland-Pfalz), Mainz (für den Bistumsanteil in Rheinland-Pfalz), München und Freising, Münster, Osnabrück, Paderborn (für den Bistumsanteil in NRW), Passau, Regensburg, Speyer, Trier und Würzburg.

Folgt der aktuellen Rechtschreibung (2006)

Dieses Buch wurde auf chlor- und säurefreiem Papier gedruckt.

5. Auflage 2011

Umschlag: Kaselow Design, München,
unter Verwendung von Illustrationen von Eva Czerwenka, Straubing
Satz: Kösel-Verlag, München
Notensatz: Christa Pfletschinger, München
Druck und Bindung: Firmengruppe APPL, aprinta druck, Wemding
Printed in Germany

ISBN 978-3-466-50645-3 (Kösel)
ISBN 978-3-12-003253-3 (Klett)

www.klett.de
www.koesel.de

Kösel / Klett

Inhalt

Stille entdecken

Wo ich Gott finde

In einem kleinen Dorf in der Nähe von Shanghai lebt Lin. Die Bewohner achten ihn wegen seiner Freundlichkeit und Friedfertigkeit. Einmal fragt ihn der Dorfvorsteher, wie er zu seiner Freundlichkeit gekommen sei. Da lächelt Lin und sagt: „Ich bin stets in der Nähe Gottes gewesen."
„Wo", fragt der Dorfvorsteher, „bist du Gott nahe gewesen?" Lin schaut sich um, blickt zum Himmel und zur Erde und meint: „Der Gesang der Vögel, das Funkeln der Sterne und der Glanz der Sonne erzählen von Gott. Von ihm erzählen die Jahreszeiten: im Winter die Schneeflocke und das Eis, das sich am Zweig bildet; im Frühling das Summen der Hummeln und das Aufbrechen der Knospen. Im Sommer schmücken die Blumen die Wiesen. Das reife Korn, die herbstlichen Blätter und der brausende Sturm, alles kündet von Gott."
Lin sieht den Dorfvorsteher eine Weile an und fährt fort: „Willst du aber Gott spüren, dann geh in die Großstadt. Betrachte die Menschen, die zur Arbeit eilen, den Verkäufer, der gekonnt sein Obst ausbreitet, das Paar, das seine Mittagspause genießt, den Greis, der sich auf der Parkbank ausruht. – Vor allem aber stürze dich am Abend in das Getümmel der Großstadt, wenn der Verkehr nur schubweise fließt, wenn die Lichter der Warenhäuser erstrahlen, die Menschen in den Restaurants zu Abend essen. Genieße die Zeit, wenn das grelle und bunte Neonlicht allmählich erlischt, wenn der Lärm in den Straßen verebbt und wenn die Nacht sich wie ein dunkles Tuch auf die Dächer legt." Lin holt tief Luft und nickt: „Ja, auch in der Unruhe der Großstadt erfährst du Gott."
Nach einer Weile sagt er: „Willst du aber Gott sehen, dann gehe in den Kindergarten, in jedem Gesicht spiegelt sich Gott wider."

Schweige und höre

T: Michael Hermes (nach der Regel des hl. Benedikt)
M: Aus England

1 Nach Gott fragen – von Gott sprechen

Sich Gott vorstellen

Lukas, 7 Jahre

Gott ist wie eine
große Wolke,
deshalb kann man
ihn nicht sehen,
er ist da
und auch nicht da.

Niklas, 4 Jahre

Gott, du großer Gott,
du bist immer da, auch für mich.
Ob ich sitze oder gehe,
ob ich laufe oder still bin,
ob ich gesund oder krank bin,
ob ich fröhlich oder traurig bin,
du bist da.
Lass mich immer
in deiner Nähe sein.

Lisa, 9 Jahre

„Wenn ich viel bete,
werden meine Wünsche erfüllt."

Zeichnung einer 10-jährigen Schülerin

„... da weiß man halt nicht,
wie Gott wirklich aussieht,
und dann kann man sich den
ganz verschieden
vorstellen ..."

Ina, 9 Jahre

Sei mir ein
schützender Fels,
eine feste Burg,
die mich rettet.

Ps 31,3 b

Gott ist Sonne und Schild.

Ps 84,12

Bettina, 10 Jahre

➤ Und wie sind deine Vorstellungen von Gott?

Sich ein Bild machen

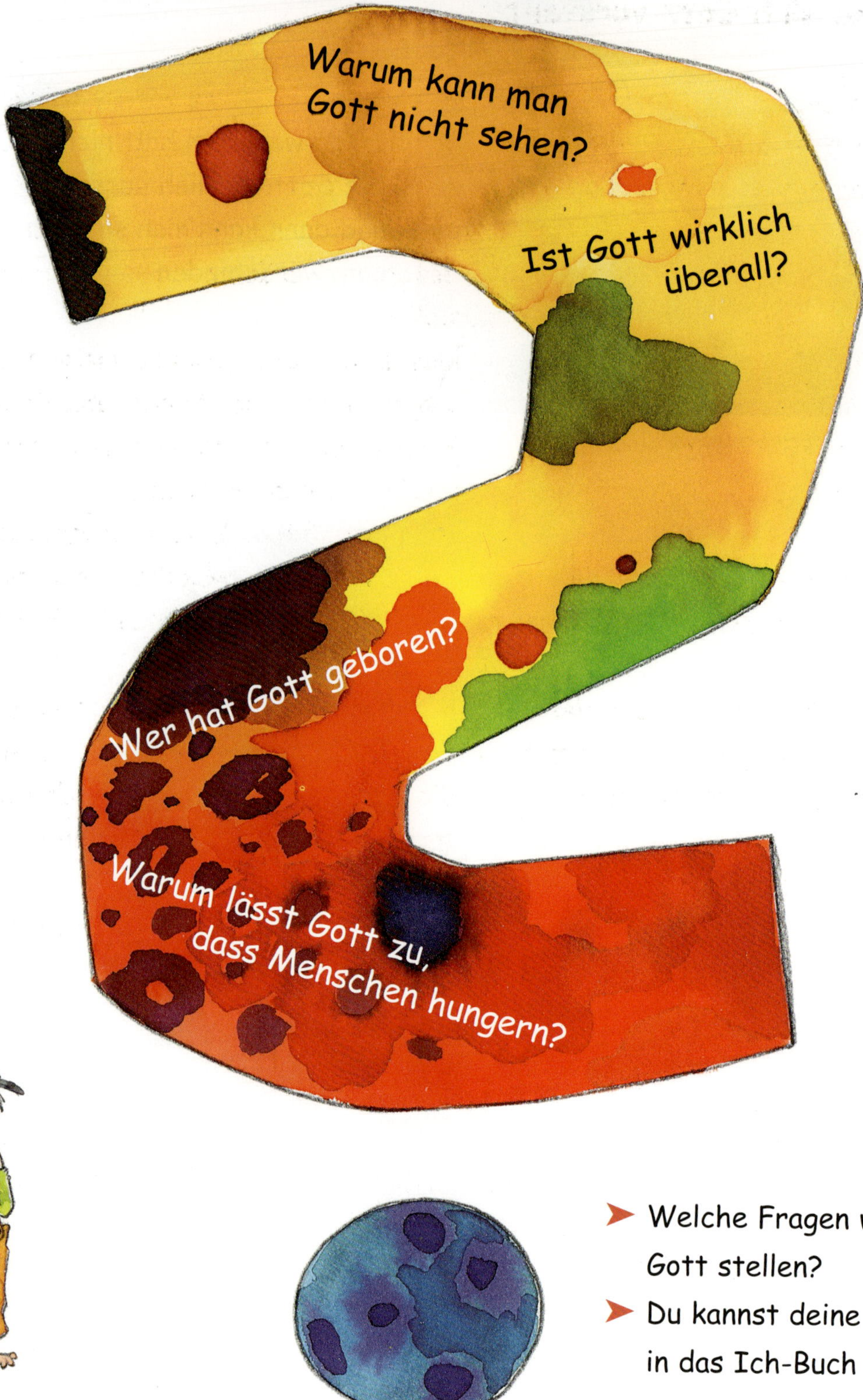

- Welche Fragen willst du Gott stellen?
- Du kannst deine Fragen auch in das Ich-Buch schreiben!

Wie Katharina sich Gott vorstellt

„Gott ist ganz anders als wir", sagt der Lehrer zu den Kindern.
„Er ist ein Geheimnis. Wir Menschen können ihn uns nicht vorstellen."
„Ich will ihn mir aber vorstellen!", ruft Katharina.
Der Lehrer lacht.
„Du kannst es ja versuchen, Katharina. Nur darfst du ihm nicht vorschreiben, dass er so sein muss, wie du ihn dir vorstellst."
„Natürlich nicht", sagt Katharina.
Und Katharina denkt nach und denkt sich Bilder aus:
Hätte Gott einen Mantel, so wäre der aus Sternen und Meer gemacht und mit Vögeln bestickt. Die Vögel, die könnten singen.
Hätte Gott Füße wie wir, so würde er barfuß gehen, damit er den Sand zwischen den Zehen spürt, das kühle Moos auf den Steinen im Bach, den harten Beton. Er würde alles spüren und spüren wollen.
Hätte Gott eine Stimme wie wir, er würde lachen und weinen, und Katharina könnte schon am Klang seiner Stimme merken, wie er es meint.
Manchmal hätte er eine Stimme wie Jakob, wenn sie gestritten haben: „Katharina, magst du mich nicht fragen, ob ich dir wieder gut bin?"
Manchmal hätte er eine Stimme wie Katharinas Mutter, wenn sie am Abend die Decke um Katharina festdrückt und sagt: „Jetzt schlaf gut, du bist meine ganz liebe Katharina."

Lene Mayer-Skumanz

➤ Denke dir eigene Bilder aus. Hätte Gott ..., dann ...

Mister Gott und die Liebe

Anna ist ein sechs Jahre altes Mädchen. Sie wohnt bei Fynn. Keiner weiß, woher sie kommt. Ihr bester Freund ist Mister Gott.

„Glaubst du, dass Mister Gott uns wirklich lieb hat?"

„Klar", sagte ich. „Er hat überhaupt alles lieb."

„Warum gehen dann Sachen kaputt oder tot?"

„Keine Ahnung. Gibt nen Haufen Sachen, die wir nicht wissen."

„Na, schön. Wenn wir aber so viele Sachen nicht wissen, woher wissen wir, dass Mister Gott uns lieb hat?"

Sie schwieg einen Moment. Nachdenklich.

Dann sagte sie: „Er hat mich nicht so lieb wie du, es ist bloß anders, nämlich millionenmal größer." „Fynn, du hast mich lieber als irgendwer sonst und ich hab dich auch lieber als irgendwer sonst. Aber mit Mister Gott ist das anders. Siehst du, Fynn, Leute lieben von außen rein und sie können von außen küssen, aber Mister Gott liebt dich innen drin und kann dich von innen küssen, darum ist es anders. Mister Gott ist nicht wie wir. Wir sind nur ein bisschen wie er. Aber nicht sehr viel."

Fynn

Vielleicht gibt es Gott auch gar nicht.
Ich glaube nicht richtig an ihn.
Aber es kann sein, dass es Gott gibt ...
Ich finde es schön, wenn es ihn gibt,
und dass er mich behütet.
Dass er mich erschaffen hat,
ist auch gut.

Nassim

Die Fußspur Gottes

Ein Wissenschaftler hatte sich für eine Forschungsreise in die Sahara einen Araber als Begleiter mitgenommen. Dieser betete zu den vorgeschriebenen Zeiten. Da fragte ihn der Forscher: „Was tust du?" „Ich bete." „Zu wem betest du?" „Zu Gott." „Hast du Gott jemals gesehen?" „Nein." „Hast du ihn schon mit deinen Händen betastet und gefühlt?" „Nein, auch das nicht." „So bist du ein Narr, wenn du an Gott glaubst."

Am nächsten Morgen, als der Forscher aus seinem Zelt trat, rief er den Araber und sagte: „Diese Nacht ist hier ein Kamel gewesen." In den Augen des Gefährten blitzte es auf, als er fragte: „Hast du das Kamel gesehen?" „Nein."

„Hast du es mit der Hand berührt?"

„Nein. Warum sollte ich?" Nachdenklich sprach der Araber: „Du bist ein seltsamer Mann. Du glaubst an ein Kamel, das du weder gesehen noch berührt hast."

„Irrtum!", entgegnete der Forscher. „Ich habe ja den Beweis: Die Fußspuren des Kamels sind rings um das Zelt zu sehen."

Da ging am Horizont strahlend die Sonne auf. Der Araber wies mit der Hand zur Sonne und sprach schlicht und gläubig: „Und darin sehe ich die Fußspur Gottes!"

Nacherzählt von Richard Gersdorff

Gott erfahren

Jakob hatte seinen Vater Isaak getäuscht und seinen Bruder Esau betrogen. Nun fürchtete er um sein Leben. Er flüchtete in ein fremdes Land. Als die Sonne unterging, legte er sich nieder und schlief ein. Da hatte er einen Traum: Er sah eine Leiter, die auf der Erde stand und bis zum Himmel reichte. Auf ihr stiegen Engel Gottes auf und nieder. Und der Herr stand oben und sprach: „Ich bin der Herr, der Gott Abrahams und der Gott Isaaks. Das Land, auf dem du liegst, will ich dir und deinen Nachkommen geben. Deine Nachkommen werden zahlreich sein wie der Staub auf der Erde. Sie werden im Westen und Osten, im Norden und Süden wohnen und durch dich und deine Nachkommen werden alle Geschlechter der Erde gesegnet sein.
Ich bin mit dir, ich behüte dich, wohin du auch gehst, und bringe dich zurück in dieses Land. Denn ich verlasse dich nicht, bis ich vollbringe, was ich dir versprochen habe."
Jakob erwachte aus seinem Schlaf und sagte:
„Wirklich, der Herr ist an diesem Ort und ich wusste es nicht." Furcht überkam ihn und er sagte: „Wie heilig ist doch dieser Ort! Hier ist nichts anderes als das Haus Gottes und das Tor des Himmels."
Jakob stand früh am Morgen auf, nahm den Stein, den er unter seinen Kopf gelegt hatte, stellte ihn als Steinmal auf und goss Öl darauf. Dann gab er dem Ort den Namen Bet-El, das heißt Haus Gottes.

Nach Genesis 28,12-19

➤ Jakob ist auf der Flucht.
Jakob erwartet …
Jakob erfährt …

T: Reinhard Bäcker
M: Detlev Jöcker

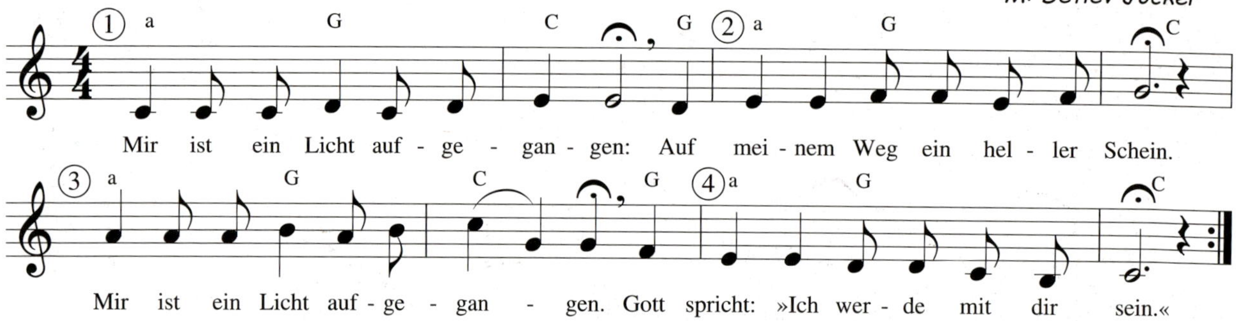

Anders als erwartet

Elija war ein Prophet* Gottes. Er setzte sich dafür ein, dass Jahwe allein als Gott verehrt wurde. Die Königin Isebel war gegen seine Predigt, sie verfolgte ihn und wollte ihn töten.
Elija geriet in Angst. Er machte sich auf und floh in die Wüste. Als er eine Tagesreise weit in die Wüste gegangen war, setzte er sich unter einen Ginsterstrauch und wünschte sich den Tod. Er sagte: „Nun ist es genug, Herr. Nimm mein Leben zurück." Dann legte er sich hin und schlief ein. Doch ein Engel rührte ihn an und sprach: „Steh auf und iss!"
Als er sich umsah, sah er neben seinem Kopf ein Fladenbrot und einen Krug mit Wasser. Er aß und trank und legte sich wieder hin.
Doch der Engel des Herrn kam zum zweiten Mal, rührte ihn an und sprach: „Steh auf und iss, sonst ist der Weg zu weit für dich." Da stand Elija auf, aß und trank. Die Speise stärkte ihn und er wanderte vierzig Tage und vierzig Nächte bis zum Gottesberg Horeb. Dort wollte er in einer Höhle auf dem Berg übernachten.
Doch der Herr sprach zu ihm: „Warum bist du hierher gekommen, Elija?"
Er antwortete: „Mit glühender Begeisterung habe ich für dich gekämpft. Aber die Menschen verfolgen deine Propheten. Sie wollen auch mich töten."
Der Herr antwortete: „Komm heraus und stell dich auf den Berg vor den Herrn!"
Dann zog der Herr vorüber: Ein starker, heftiger Sturm ging vor ihm her. Der Sturm zerriss die Berge und zerbrach die Felsen.
Doch der Herr war nicht im Sturm.
Nach dem Sturm kam ein Erdbeben.
Doch der Herr war nicht im Erdbeben.
Nach dem Beben kam ein Feuer.
Doch der Herr war nicht im Feuer.
Nach dem Feuer kam ein sanfter Wind, ein sanftes, leises Säuseln.
Als Elija das hörte, hüllte er sein Gesicht in den Mantel, trat hinaus und stellte sich an den Eingang der Höhle.

Nach 1 Kön 19,1-13

- „Ein sanftes, leises Säuseln", „eine wachsende Stille": zwei Bilder für das, was Elija erfährt. Sprecht darüber.
- Der Künstler Sieger Köder hat das Bild gestaltet.
  Entdeckt, was für ihn wichtig war.

Rudi lernt loben

Der Religionslehrer sagt zu den Kindern: „Denkt nach, wofür ihr Gott loben wollt. Schreibt es auf oder zeichnet es."
Die Kinder denken nach.
Katharina schreibt: „Ich habe eine Mutter, die gut kochen kann. Gott, ich lobe dich dafür."
Toni schreibt: „Meine kleinen Brüder haben das Versteck für meine Glaskugeln noch nicht entdeckt. Gott, ich lobe dich dafür."
Jakob schreibt: „Die Sträucher haben schon dicke Knospen. Gott, ich lobe dich dafür."
„Mir fällt nichts ein", sagt Rudi. „Ich weiß nicht, wofür ich Gott loben soll."
„Für die schöne Sonne!", schlägt Susi vor.
„Die ist mir egal", sagt Rudi.
„Für deine Eltern", sagt Toni.
„Nein, für die nicht", sagt Rudi. „Papa ist weggezogen und die Mutti kommt immer spät und ist grantig."
„Für deine Oma", sagt Jakob.
„Nein", sagt Rudi. „Die ist verzweifelt, weil sie mit mir so viel zu tun hat. Dauernd will sie, dass ich Ruhe gebe."
„Geh, weine nicht", sagt Katharina. „Wir helfen dir. Schreib: Gott, du hast dir siebzehn Arten von Grün ausgedacht, ich lobe dich dafür."
„Siebzehn?", fragt Rudi.
„Ich habe einmal nachgezählt ... auf einer Wiese im Sommer", sagt Katharina. „Mindestens siebzehn."
Rudi schreibt.
„Ich helf dir auch", sagt Jakob. „Schreib: Eine Sau kann zwölf kleine Ferkel trinken lassen. Gott, ich lobe dich dafür."
„Zwölf?", fragt Rudi.
„Ich hab ein Bild davon zu Hause", sagt Jakob. Rudi schreibt.
Toni sagt: „Im Frühling lassen sie einen wieder ohne Mütze gehen. Gott, ich lobe dich dafür."
„Das ist wahr", sagt Rudi. „Jetzt weiß ich allein weiter!"
Er schreibt: „Kathi hat mir geholfen. Gott, ich lobe dich dafür. Jakob und Toni haben mir geholfen. Gott, ich lobe dich dafür. – Fertig!"
Rudi lacht. Dann fragt er: „Wirklich zwölf Ferkel?"
„Komm heute Nachmittag zu mir", sagt Jakob. „Ich zeige dir das Bild und wir können es in dein Religionsheft zeichnen."

Lene Mayer-Skumanz

„An dem Tag, da ich mich fürchten muss,
setze ich auf dich mein Vertrauen."
Ps 56,4

„Ich will dir danken, Herr, aus ganzem Herzen,
verkünden will ich all deine Wunder."
Ps 9,2

„Ich will dich rühmen, Herr, meine Stärke,
Herr, du mein Fels, meine Burg, mein Retter."
Ps 18,2

„Mit meinem Gott überspringe ich Mauern."
Ps 18,30

„Wie lange muss ich Schmerzen ertragen in meiner
Seele, in meinem Herzen Kummer Tag für Tag?"
Ps 13,3

„Hilf mir, o Gott!
Schon reicht mir das Wasser bis an die Kehle.
Ich bin in tiefem Schlamm versunken und
habe keinen Halt mehr; ich geriet in tiefes Wasser,
die Strömung reißt mich fort."
Ps 69,2.3

- Wähle einen Psalmvers aus.
- Dieser Mensch hat etwas erlebt, dass er so spricht ...

Sich an Gott wenden

➤ Suche dir ein Bild aus: Wie könnte das Kind beten?

➤ Du kannst auch einen Brief an Gott schreiben.

„... zum Beispiel beim Aufsatz,
da weiß ich, Gott ist bei mir und
da fällt mir bestimmt was ein."

Katrin

„Ich falte die Hände
und schließe die Augen
und sage ihm einfach
alles, was mich bedrückt,
was mir Freude macht,
und sage danke."

Franziska

„Lieber Gott, danke,
dass du mir zuhörst."

Melanie

„Lieber Gott,
meine Eltern streiten miteinander. Ich habe Angst, dass sie
auseinandergehen. Sie sollen sich wieder vertragen.
Hilf ihnen, dass sie wieder gut zueinander sind.
Lass uns immer zusammenbleiben,
dann muss ich keine Angst mehr haben."

Max

„Lieber Gott,
ich habe alles, was ich brauche.
Ich wünsche für mich, für viele Mütter, Väter und Kinder, für
mein Land, für fremde und verfeindete Länder den Frieden.
Ich bete für den Frieden.
Ich wünsche mir nur den Frieden, nur den Frieden."

Schlomith

- Verschiedene Situationen – verschiedene Gebete.
- Vielleicht kannst du ein eigenes Gebet in dein Ich-Buch schreiben.

Gott kann man nicht malen

T: Sybille Fritsch / M: Fritz Baltruweit

2. Gott kann man nicht sehen,
aber Gott sieht die Welt.
Die Menschen sieht er unterm Himmelszelt,
die Sorgen sieht er, und wenn du dich freust.
Auch wenn du wegläufst, sieht er hinterher.
Wer hätte denn sonst die Augen erdacht?
Gott hat sie gemacht.

3. Gott kann man nicht hören,
aber Gott hört dir zu.
Du kannst ihn fragen. Er weiß, du bist du.
Er hört die Bitten, er hört die Sorgen,
er hört deine Angst, er hört auch noch morgen.
Wer hätte denn sonst die Liebe erdacht?
Gott hat sie gemacht.

4. Gott kann man vertrauen,
denn Gott vertraut dir!
Du kannst ihn fragen, er ist immer hier.
Du kannst nichts hören, du kannst nichts sehn.
Was Gott will, kannst du dennoch verstehn.
Wer hätte denn sonst die Menschen erdacht?
Gott hat sie gemacht.

Kathrin sitzt in der Schule vor der Mathearbeit.
Sie hat wenig geübt. Schnell spricht sie noch ein Gebet und denkt:
Jetzt wird Gott mir sicher helfen!

Philipp überlegt:
Ich bin in letzter Zeit ziemlich brav gewesen und habe der Mutter viel geholfen. Jetzt muss mich Gott aber auch belohnen und mir meinen Wunsch erfüllen.

Jonas betet vor dem Essen:
Wir danken dir für das Essen und bitten dich: Mach auch alle Hungernden satt!

Lenas Katze wird von einem Auto überfahren.
Sie klagt Gott an. Warum hast du meine Katze nicht beschützt? Sie hat doch nichts Böses getan!

Julia wird von Kerstin immer wieder geärgert. Neulich hat Kerstin ihr in der Pause ein Bein gestellt, sodass sie gestolpert ist. Heute macht sie mit ihrem neuen Filzstift einen dicken Strich über Julias Heft. Am Abend betet Julia: Lieber Gott, du musst Kerstin endlich mal richtig bestrafen!

- Versetze dich in die Rolle von Kathrin, Jonas, Philipp, Lena und Julia. Was findest du an der jeweiligen Geschichte gut? Was würdest du anders sagen und warum?
- Ihr könnt in eurer Klasse einen Fragekasten aufstellen: Sammelt Fragen über Gott, die euch wichtig sind. Von Zeit zu Zeit versucht ihr, über die Fragen miteinander nachzudenken und zu sprechen.

Mit Gott leben

Aller Augen warten auf dich
und du gibst ihnen
Speise zur rechten Zeit.

Ps 145,15

- Überlegt, für welche Gaben ihr Gott danken wollt.
- Gestaltet mit ihnen ein Mandala.

Ein Segensgebet zum Mitmachen

Wir wenden uns nach Osten: Vom Osten, von der Richtung der aufgehenden Sonne, empfangen wir Frieden, Licht, Weisheit und Wissen.
Gott, wir danken für diese Gaben.
Wir wenden uns nach Süden: Vom Süden empfangen wir Wärme, Geleit, Anfang und Ende des Lebens. *Gott, wir danken ...*
Wir wenden uns nach Westen: Vom Westen empfangen wir Regen, reinigendes Wasser, Kraft für alles Lebendige.
Gott, wir danken ...
Wir wenden uns nach Norden: Vom Norden empfangen wir Kälte, gewaltige Stürme, Schnee und Eis, Stärke, Kraft und Ausdauer. *Gott, wir danken ...*
Wir wenden den Blick zum Himmel: Vom Himmel empfangen wir Dunkelheit und Licht, deinen Atem, den Hauch deines Geistes und die Botschaften deiner Engel. *Gott, wir danken ...*
Wir wenden unseren Blick zum Boden, zu unserer Mutter Erde: Von der Erde kommen wir und zur Erde kehren wir zurück. *Gott, wir danken ...*
Wir wenden uns zueinander und reichen uns die Hand: Mögen wir gehen auf deinen Pfaden, dass wir leben als Schwestern und Brüder auf dieser Erde, dass wir uns an den Gaben der anderen freuen, dass wir die Sorgen der anderen teilen und zusammen mit dir das Angesicht der Erde erneuern.

Ein Segensgebet der nordamerikanischen Indianer

2 Was Juden glauben – wie sie leben

Ein Fest der Befreiung: Pessach

Ich heiße Ben, bin 9 Jahre alt und ein jüdischer Junge.
Wahrscheinlich wisst ihr noch nicht viel von unserer Religion. Z. B. feiern wir im Frühling zur Zeit eures Osterfestes unser Pessach*-Fest. Es beginnt mit dem Seder*-Abend.

Wie ihr seht, sitzt die ganze Familie festlich gekleidet um einen Tisch mit vielen Speisen und Getränken. Manches davon gibt es nur bei dieser Feier, z. B. Mazzen, bittere Kräuter, Petersilie, eine Schüssel mit Salzwasser, einen Lammknochen usw. Ihr fragt: Was bedeutet das alles?

Zu Beginn werden die Kerzen angezündet und der Vater segnet Brot und Wein. Dann darf ich als Jüngster in der Familie vier wichtige Fragen stellen:

Warum ist diese Nacht anders als alle anderen Nächte?
Warum essen wir in dieser Nacht ungesäuerte Brote?
Warum tauchen wir in dieser Nacht unsere Kräuter in Salzwasser?
Warum sitzen wir in dieser Nacht alle angelehnt?

Diese Fragen könnt ihr nur verstehen, wenn ihr die wichtigsten Ereignisse der Geschichte Israels kennt.

Fremd und unterdrückt

Nun, was habt ihr zu berichten?
Mächtiger, göttlicher Pharao*! Abbild und Glanz des Himmels! Das Volk der Israeliten hat sich stark vermehrt.
Wir müssen etwas tun. Eines Tages könnten sie uns gefährlich werden.
Sagt diesem Volk: Ich bin der Pharao! Alle Knaben, die bei den Israeliten geboren werden, lasst töten!
Habt ihr schon gehört? Der Pharao ist über unsere Kinderzahl erbost.
Das bedeutet nichts Gutes.

Neue Hoffnung: Gott ist da

- Mose hütete als Hirte Schafe und Ziegen in der Wüste.
- Erkundige dich, warum er nicht mehr am Hof des Pharao lebte.

Der brennende Dornbusch

Mose weidete in Midian die Schafe und Ziegen seines Schwiegervaters Jitro. Eines Tages trieb er das Vieh weit hinaus und kam zum Gottesberg Horeb. Da sah er einen Dornbusch, der in Flammen stand. Der Busch brannte, aber trotzdem verbrannte er nicht.
Mose sagte zu sich: „Ich will hingehen und es mir genauer ansehen. Warum verbrennt denn der Dornbusch nicht?"
Als der Herr sah, dass Mose näher kam, rief Gott ihm aus dem Dornbusch zu: „Mose, Mose!"
Er antwortete: „Hier bin ich."
Der Herr sagte: „Komm nicht näher heran! Zieh deine Schuhe aus, denn dieser Ort ist heiliger Boden."

Ex 3,1-5

Gott offenbart seinen Namen

Dann sprach der Herr: „Ich bin der Gott deines Vaters, der Gott Abrahams, der Gott Isaaks und der Gott Jakobs."
Da bedeckte Mose sein Gesicht, denn er fürchtete sich Gott anzuschauen. Und der Herr sprach: „Ich habe die Not meines Volkes Israel gesehen und ich kenne sein Leid. Ich werde die Menschen aus der Hand der Ägypter befreien und sie in ein schönes weites Land führen. Ich werde ihnen das Land Kanaan geben. Das ist ein Land, in dem Milch und Honig fließen. Und jetzt geh! Ich schicke dich zum Pharao*, denn du sollst mein Volk aus Ägypten* herausführen."
Mose antwortete: „Wer bin ich denn schon? Wie kann ich zum Pharao gehen und die Israeliten aus Ägypten herausführen?"
Gott aber sagte: „Ich sende dich und ich beschütze dich. Wenn du mein Volk aus Ägypten herausgeführt hast, werdet ihr mich an diesem Berg anbeten." Da sagte Mose: „Gut. Ich werde also zu den Israeliten kommen und ihnen sagen: Der Gott eurer Väter hat mich zu euch geschickt. Dann werden sie mich fragen: Wie heißt denn dieser Gott? Welche Antwort soll ich ihnen darauf geben?"
Da antwortete Gott dem Mose:
„Ich bin der Ich-bin-da.
Sag den Israeliten:
JAHWE, der Gott eurer Väter, hat mich zu euch geschickt. Das ist mein Name für immer."

Ex 3,6-16

➤ Jahwe* – ich bin da – was kann das bedeuten ...
... für die unterdrückten Israeliten?
... für den Pharao?
... für Mose?

Eine neue Erfahrung: Gott rettet

Der Pharao verfolgt die Israeliten

Als der Pharao* das Volk ziehen ließ, blieb ihnen nur wenig Zeit. In aller Eile rührten sie Mehl und Wasser zusammen und backten dies als Mazzen.
Der Herr führte sie durch die Wüste zum Schilfmeer. Der Herr zog vor ihnen her. Am Tag zeigte er ihnen in einer Wolkensäule den Weg und bei Nacht leuchtete er ihnen in einer Feuersäule. So konnten sie Tag und Nacht unterwegs sein.
Der Pharao und seine Diener erfuhren, dass die Israeliten weggezogen waren. Sie sagten zueinander: „Wie konnten wir sie nur aus unserem Dienst entlassen!"
Der Pharao ließ die Pferde vor seinen Streitwagen spannen, nahm seine Leute mit und jagte den Israeliten nach. Die Israeliten aber zogen voll Vertrauen weiter.

Gott führt sein Volk durch das Meer

Als der Pharao näher kam, blickten die Israeliten auf und sahen plötzlich hinter sich die Ägypter kommen. Da erschraken sie sehr und schrien zum Herrn.
Zu Mose sagten sie: „Was hast du uns da angetan? Warum hast du uns aus Ägypten* herausgeführt?"
Mose aber sagte zu den Israeliten: „Fürchtet euch nicht! Bleibt stehen und seht selbst, wie der Herr euch heute rettet."

Der Herr sprach zu Mose: „Warum schreist du zu mir? Sag den Israeliten, sie sollen aufbrechen. Und du, heb deinen Stab hoch, strecke deine Hand über das Meer und zerteile es. Dann werden die Israeliten auf trockenem Boden in das Meer hineinziehen können. Ich aber will das Herz der Ägypter hart machen, damit sie hinter ihnen ins Meer ziehen. So werde ich dem Pharao und seiner ganzen Streitmacht zeigen, dass ich der Herr bin."

Mose streckte die Hand über das Meer aus. Da trieb der Herr die ganze Nacht lang das Wasser durch einen starken Ostwind auseinander. Er ließ das Meer austrocknen und es teilte sich.
Die Israeliten zogen auf trockenem Boden ins Meer und rechts und links von ihnen stand das Wasser wie eine Mauer. Die Ägypter verfolgten sie.

Als die Nacht beinahe zu Ende war, brachte der Herr die Ägypter in Verwirrung. Er hemmte die Räder an ihren Wagen, sodass sie nur schwer vorankamen.
Da sagte der Pharao: „Ich muss vor Israel fliehen. Denn Jahwe kämpft auf ihrer Seite gegen mich."

Darauf sprach der Herr zu Mose: „Strecke deine Hand über das Meer, damit die Wasserfluten zurückkommen." Mose streckte seine Hand aus über das Meer. Gegen Morgen kehrte das Meer an seinen alten Platz zurück und die Ägypter liefen ihm auf der Flucht entgegen.
So rettete der Herr an jenem Tag Israel aus der Hand der Ägypter.

Da glaubten die Israeliten an den Herrn und sie vertrauten Mose, seinem Knecht.

Nach Ex 13,17 - 14,31

Erinnerung an die Befreiung

Warum ist diese Nacht anders als alle anderen Nächte?
Warum essen wir in dieser Nacht ungesäuerte Brote?
Warum tauchen wir in dieser Nacht unsere Kräuter in Salzwasser?
Warum sitzen wir in dieser Nacht alle angelehnt?

Ihr kennt nun die Geschichten und könnt Bens Fragen beantworten.

Das braune Mus erinnert an den Lehm, aus dem die Ziegel hergestellt wurden.
Das Salzwasser erinnert an die Tränen und den Schweiß der unterdrückten Israeliten.
Die Bitterkräuter ...?
Das Ei ...?
Der Wein ...?

Der Seder-Teller mit Bitterkräutern, Salzwasser, (braunem) Mus, Ei, Lammknochen

שְׁמַע יִשְׂרָאֵל יְהוָה
אֱלֹהֵינוּ יְהוָה אֶחָד׃

Schema Israel JHWH (Adonai)
Elohenu JHWH Ächad.

Dtn 6,4

Höre, Israel,
JHWH, unser Gott, JHWH, ist einzig!

Du sollst den Herrn, deinen Gott,
lieben mit deinem ganzen Herzen
und deiner ganzen Seele
und deiner ganzen Kraft.

Dtn 6,4-5

Diese Worte sollen auf deinem Herzen geschrieben stehen.
Du sollst sie deinen Söhnen wiederholen. Du sollst von ihnen reden,
wenn du zu Hause sitzt und wenn du auf der Straße gehst,
wenn du dich schlafen legst und wenn du aufstehst.
Du sollst sie als Zeichen um das Handgelenk binden. Sie sollen zum Schmuck
auf deiner Stirn werden. Du sollst sie auf die Türpfosten deines Hauses
und in deine Stadttore schreiben.

Dtn 6,6-9

Sabbat – Tag der Freiheit

Achte auf den Sabbat*: Halte ihn heilig, wie es dir der Herr, dein Gott, zur Pflicht gemacht hat. Sechs Tage darfst du schaffen und jede Arbeit tun.
Der siebte Tag ist ein Ruhetag, dem Herrn, deinem Gott, geweiht. An ihm darfst du keine Arbeit tun: du, dein Sohn und deine Tochter, dein Sklave und deine Sklavin, dein Rind, dein Esel und dein ganzes Vieh und der Fremde, der in deinen Stadtbereichen Wohnrecht hat. Dein Sklave und deine Sklavin sollen sich ausruhen wie du.
Denk daran: Als du in Ägypten* Sklave warst, hat dich der Herr, dein Gott, mit starker Hand und hoch erhobenem Arm dort herausgeführt. Darum hat es dir der Herr, dein Gott, zur Pflicht gemacht, den Sabbat zu halten.

Dt 5,12-15

➤ Wie setzen Juden diese Weisung von JHWH bei der Feier des Sabbats um?

Der Sabbat

Der Sabbat beginnt am Freitagabend bei Sonnenuntergang. Damit es alle mitbekommen, heulen kurz davor alle Sirenen in Israel. Am Samstagabend endet der Sabbat wieder bei Sonnenuntergang. Die Speisen, die am Sabbat gegessen werden, müssen schon am Freitag eingekauft und vorbereitet werden. Denn am Sabbat selbst wird nicht gearbeitet und alle Geschäfte haben geschlossen. Die Familie trifft sich zu Hause und lässt sich auch nicht durch das Telefon stören. Dieser Tag ist etwas Besonderes, alle ziehen sich hübsch an, das beste Geschirr wird verwendet und das Wohnzimmer wird geschmückt. Eine Stunde vor Sabbat zündet die Mutter die Kerzen an. Die Familie geht zum Gottesdienst in die Synagoge. Wieder zu Hause beginnt das Essen. Der Vater spricht den Segen über das Glas Wein und über das Sabbatbrot. Zwischen den verschiedenen Gängen werden immer wieder Lieder gesungen. Danach sitzt die Familie noch zusammen, liest, hört Musik oder unterhält sich.

Als gläubiger Jude feierte Jesus den Sabbat. Lukas erzählt:
So kam Jesus auch nach Nazaret, wo er aufgewachsen war,
und ging, wie gewohnt, am Sabbat in die Synagoge*.
Als er aufstand, um aus der Schrift vorzulesen,
reichte man ihm das Buch Jesaja.
Dann schloss er das Buch, gab es dem Synagogendiener und setzte sich.
Die Augen aller in der Synagoge waren auf ihn gerichtet.
Da begann er, ihnen den Text auszulegen.

Nach Lk 4,16. 17. 20-21a

- Erzähle, wie Juden sich an ihre Befreiung erinnern.
- Wie könnte für dich ein Tag der Freiheit aussehen?

Mit seinem Volk glaubte und hoffte Jesus

Dankt dem Herrn, denn er ist gütig, denn seine Huld währt ewig,
der den Himmel geschaffen hat in Weisheit,
der die Erde über dem Wasser gegründet hat,
der die großen Leuchten gemacht hat,
die Sonne zur Herrschaft über den Tag,
Mond und Sterne zur Herrschaft über die Nacht,
der Israel herausführte aus Ägypten,
mit starker Hand und erhobenem Arm,
der sein Volk durch die Wüste führte,
der uns das Land zum Erbe gab
und uns den Feinden entriss,
der seinen Geschöpfen Nahrung gibt.
Dankt dem Gott des Himmels, denn seine Huld währt ewig.

Aus Ps 136

- Diesen Psalm* hat Jesus mit anderen Juden häufig gebetet. Suche heraus, wofür Jesus dankte und worauf er hoffte.
- Jesus hat aus der hebräischen Bibel viele Erzählungen gekannt, in denen Gott die Menschen gerettet hat.
  Welche Geschichten aus der Bibel* kannst du erzählen?
- Rechts siehst du ein Zukunftsbild des Propheten* Jesaja. Eine andere Zukunftshoffnung findest du auf Seite 105. Male dein eigenes Hoffnungsbild.

Jüdisches Leben heute

Schalom*: Vom Frieden singen und tanzen

M: Jüdische Volksweise

➤ Sucht Hinweise auf jüdisches Leben in eurer Heimat, zum Beispiel Straßennamen, Friedhöfe, Museen, Synagogen. Vielleicht könnt ihr mit dem evangelischen Religionsunterricht und Heimat- und Sachunterricht zusammenarbeiten. Tragt eure Ergebnisse zusammen und veranstaltet eine Ausstellung.

Das hebräische Alphabet

Schrift-zeichen	*Aussprache*	*Name des Buchstabens*	*Schrift-zeichen*	*Aussprache*	*Name des Buchstabens*
א	ʾ	Aleph	ל	l	Lamed
ב	b	Beth	מ	m	Mem
ג	g	Gimel	נ	n	Nun
ד	d	Daleth	ס	s	Samech
ה	h	He	ע	ʿ	Ajin
ו	w	Waw	פ	p	Pe
ז	z	Zajin	צ	ṣ	Sade
ח	ḥ	Chet	ק	q	Qoph
ט	ṭ	Tet	ר	r	Resch
י	j	Jod	שׂ	ś	Sin
כ	k	Kaph	שׁ	š	Schin
			ת	t	Taw

הָ = a
הֶ = e
הִ = i
הֹ = o
הֻ = u

Die Selbstlaute werden unter oder auf die Mitlaute (hier: He) geschrieben. Hebräisch wird von rechts nach links geschrieben und gelesen.

➤ Schreibe deinen Namen in hebräischer Schrift.

Friedensreich Hundertwasser, (227) Ein Regentropfen, der in eine Stadt fällt

3 Vergebung erfahren – sich versöhnen

Der Armreif

Silvia hat Geburtstag. Sie hat fast die ganze Klasse zu ihrem Fest eingeladen. Silvia bekommt sehr viele Geschenke, aber am besten gefällt ihr der silberne Armreif, den ihr der Vater von einer Geschäftsreise aus der Türkei mitgebracht hat. Alle bestaunen das glitzernde Schmuckstück, besonders aber interessiert sich Aysun, ein türkisches Mädchen, dafür. Sie ist stolz, dass das schönste Geburtstagsgeschenk aus ihrer Heimat kommt.
Die Kinder spielen den ganzen Nachmittag ausgelassen im Garten, es ist ein richtig lustiges Fest. Doch plötzlich ruft Silvia: „Wo ist mein silberner Armreif? Ich habe ihn vorhin auf den Tisch gelegt und nun ist er weg!"
Alle Kinder suchen aufgeregt nach dem Schmuckstück. Doch es lässt sich nicht finden.
Da kommt jemand auf die Idee: „Vielleicht hat Aysun den Armreif genommen?"
Und auf einmal sagen immer mehr Kinder: „Ja, sie hat sich doch so sehr dafür interessiert."
Aysun versichert immer wieder: „Ich habe den Armreif nicht."
Aber die anderen Kinder lassen sie nicht in Ruhe. Schließlich verlässt das Mädchen mit Tränen in den Augen das Fest.
Abends räumt Silvia mit ihrer Mutter auf. Plötzlich sagt ihre Mutter: „Schau mal, was hier ist - der Armreif!"
Silvia bekommt einen roten Kopf ...

Am nächsten Morgen stehen die Mädchen und Jungen, die bei der Geburtstagsfeier dabei waren, im Pausenhof zusammen und diskutieren.
Auch Aysun geht noch vieles durch den Kopf.

Zusammenleben ist nicht immer einfach

Der Unterricht in der Klasse 3 a hat noch nicht begonnen, aber einige Kinder sind schon früher mit dem Bus gekommen.
Frau Mattern, die Klassenlehrerin, sitzt am Pult und ist umringt von einer Schar Schülerinnen und Schüler, die sich aufgeregt mit ihr unterhalten.
Es gibt nur ein einziges Thema: Das Verhalten von Sven gestern. Sven hatte durch Zwischenrufe immer wieder gestört. Dann sollte er am Tageslichtprojektor eine Rechenaufgabe lösen, die er nicht lösen konnte. Einige Mitschülerinnen und Mitschüler lachten dabei schadenfroh, Frau Mattern sagte: „Du siehst, Sven, dass du in Zukunft besser aufpassen musst." Dann hatte Sven eine solche Wut bekommen und hatte den Tageslichtprojektor umgeworfen. Alle waren darüber entsetzt.

Es war nicht das erste Mal, dass Sven so durchdrehte. Hatte er nicht schon einmal auch aus Wut den Kartenständer umgeworfen, der Petra beinahe auf den Kopf gefallen war?
Aber diesmal war bei Frau Mattern die Grenze erreicht. Sie nahm Sven schweigend bei der Hand und ging mit ihm zum Schulleiter.
Der hatte Sven mit einem Brief an die Eltern und einem Verweis nach Hause geschickt. Das alles war gestern gewesen. Aber es war auch heute noch das wichtigste Gesprächsthema in der Klasse.
Alle schauen immer wieder auf die Tür, aber Sven kommt heute nicht.
Als um 8.00 Uhr der Gong ertönt, gehen alle auf ihre Plätze.
Nach dem Morgengebet macht Frau Mattern ein sehr ernstes Gesicht und erklärt: „Sven wurde für heute vom Schulleiter vom Unterricht ausgeschlossen. Und heute Nachmittag ist eine Lehrerkonferenz, auf der beschlossen wird, ob Sven in die andere dritte Klasse versetzt werden soll. Ich möchte dazu jetzt eure Meinung hören."
An der Tafel sammeln sie, was für und was gegen eine Versetzung in eine andere Klasse spricht.

Unsere Meinungen: Soll Sven in der Klasse bleiben?

JA	NEIN
- Mit dem ist es in der Klasse lustiger.	- Sven hält uns oft vom Lernen ab.
- Wir haben ihn auch oft zum Blödsinn-Machen ermuntert.	- Er schlägt schnell um sich.

Am anderen Morgen sind die Drittklässler gespannt, was Frau Mattern von der Lehrerkonferenz berichtet.
Ob Sven wohl in der Klasse bleiben kann? Oder ob er gleich wechseln muss?
Die Lehrerin lächelt Sven zu. „Vier Wochen zur Probe kannst du noch in der Klasse bleiben. Danach wird endgültig entschieden."
Sven und die Klasse sind erleichtert.
„Jetzt müssen wir uns alle Gedanken machen, was wir ändern sollen, damit wir besser miteinander zurechtkommen."
Die ersten Ideen stehen schon auf der Tafel:

Damit das Zusammenleben gelingt

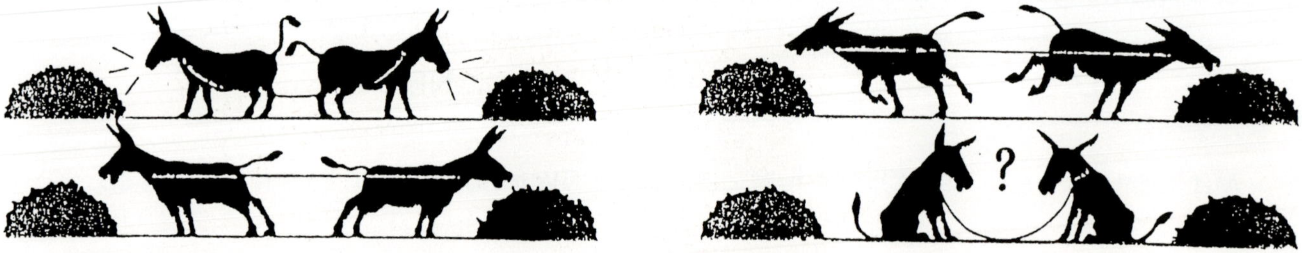

Was hilft?

Die Häsin lag krank. Der Hase war viel unterwegs. Sie war allein.
Der Igel schaute herein, brachte Kleeblätter mit: „Kommt Zeit, kommt Rat", sagte er und ging. Am andern Tag sah die Eule herein: „Gut Ding will Weile haben." Das war alles. – Die Feldmaus sah durchs Fenster und fiepte: „Kopf hoch, Frau Nachbarin!" – Das Reh hingegen meinte: „Es wird nichts so heiß gegessen, wie es gekocht wird." – Die alte Katze schnurrte knapp: „Es wird schon werden!" – Als dann der Maulwurf durchs Fenster rief: „Keine Sorge! Ende gut, alles gut!", empfand die Häsin nur noch Bitterkeit.
In der Küche aber tobten die Jungen. Die Elster rief vom Baum: „Geduld, Geduld!" – Die Häsin dachte: Müssen die denn alle solchen gut gemeinten Unsinn reden?
Während sie darüber nachdachte, dass die leeren Worte keinen Trost brachten, kamen die Ameisen herein, grüßten kurz, stellten Feldblumen auf den Tisch, machten die Küche sauber, versorgten die jungen Hasen, waren bei alledem sehr leise und verabschiedeten sich still.
Da entstand Ruhe und die Häsin spürte neue Hoffnung.

Peter Spangenberg

Die beiden Seiten zeigen euch verschiedene Möglichkeiten, wie das Zusammenleben gelingen kann oder nicht gelingen kann.

- Diskutiert und überprüft die verschiedenen Angebote.
- Formuliert Regeln / Vorschläge für ein gutes Zusammenleben in der Klasse, zu Hause und für die Freizeit.
- Wie wollt ihr miteinander leben? Gestaltet damit ein Klassenplakat, das ihr von Zeit zu Zeit verändern oder ergänzen könnt.

Ein Sack voll hilfreicher Verhaltensweisen und Redensarten?

„Ich bin doch nicht dumm!"

Über das eigene Verhalten nachdenken

Lasst uns darüber reden.

„Dem werd ich's noch zeigen!"

Da müssen wir uns etwas einfallen lassen!

Kleine Schritte machen

Soll erst einmal der andere ...

„Wie du mir, so ich dir."

Dem anderen etwas Gutes wünschen

Einen Fehler zugeben

„Der hat mich auch nicht mitspielen lassen!"

„Was du nicht willst, das man dir tu,
das füg auch keinem anderen zu."

„Der gehört nicht zu uns!"

Sich in die Situation des anderen hineinversetzen

„Lass uns wieder gut sein!"

Einen Streitschlichter*, eine Streitschlichterin anfordern

Immer ehrlich?

Lutz überspringt die unterste Stufe, eilt durch den Gang, wirft sich auf das Polster und schlägt lässig die Beine übereinander. Er sitzt im Bus, mit dem er jeden Mittag von der Schule nach Hause fährt.
Seine Tasche stellt er neben sich. Seine Hand gleitet zum Rand des Sitzes.
Dort fühlt er etwas. Vorsichtig zieht er es heraus.
Ein Portmonee!
Es steckte zwischen Buswand und Sitzseite. Lutz schaut sich um.
Niemand beobachtet ihn. Die wenigen Fahrgäste dösen in der Mittagssonne.
Der Bus fährt an.
Das Portmonee ist prallvoll. Eine Menge Geldscheine sind zu sehen. Große Scheine! Wenn er sie in seiner Tasche verschwinden ließe, niemand würde es bemerken.
Mit so viel Geld könnte er sich so manchen Traum erfüllen. Den Eltern brauchte er nichts zu sagen.
Wenn er das Geld nicht mit einem Male ausgäbe, würden sie nichts bemerken.
Er muss das Portmonee nur in seiner Hosentasche verschwinden lassen und alles gehört ihm.
Lutz' Herz klopft, er atmet schwer.
Was soll er machen?
Er hält viel Geld in seiner Hand. So viel wie noch nie! Der Bus stoppt.
Lutz steht auf und geht zum Fahrer.
„Entschuldigung", sagt er, „das habe ich gefunden!"
Der Busfahrer staunt. „Wenn so viel Geld abgegeben wird", erklärt er, „mache ich ein Protokoll."
Er bittet einen Fahrgast hinzu.
Gemeinsam zählen sie die Scheine.
Der Mann legt Lutz anerkennend die Hand auf die Schulter.
„Es ist gut", sagt er, „dass es noch ehrliche Finder gibt."
„Am besten", meint der Busfahrer, weil die Zeit drängt, „du gibst mir deine Monatskarte, dann schreibe ich für das Protokoll die Personalien ab."
Lutz kann sie ihm nicht zeigen, er hat keine.

Herbert Haberhausen

Die Geschichte geht weiter! Spielt die folgenden Szenen:

Im Bus:
Der Busfahrer redet mit Lutz.
Der Fahrgast sagt zu Lutz und dem Busfahrer ...
Lutz versucht zu erklären, warum er keine Monatskarte hat.

Zu Hause:
Lutz erzählt den Eltern das Erlebnis im Bus ...
Die Eltern fragen ...

Beim Ordnungsamt:
Lutz geht mit dem Vater zum Ordnungsamt.
Der Beamte lässt sich den Vorgang von Lutz schildern.
Der Vater sagt zum Beamten ...

Die Besitzerin spricht mit dem Beamten und mit Lutz.
Lutz kann sich nicht so richtig über das Lob und den Finderlohn freuen.

Wie Begegnung verändern kann

Als Jesus nach Jericho kam, ging er durch die Stadt.
Dort wohnte ein Mann mit Namen Zachäus.
Er war der oberste Zöllner* und er war sehr reich.
Er wollte gerne sehen, wer dieser Jesus war.
Doch die vielen Menschen versperrten ihm die Sicht;
denn er war klein von Gestalt.

➤ Jesus sieht Zachäus
auf dem Baum.
Wie kann er sich verhalten?
Er hält Zachäus eine Strafpredigt!
Er übersieht ihn.
Er ...
Spielt die einzelnen
Möglichkeiten
weiter!

Als die Leute das sahen, waren sie empört
und sagten: „Er ist bei einem Sünder eingekehrt."
Zachäus aber sprach zu Jesus:
„Herr, die Hälfte von allem, was mir gehört, will ich den Armen geben.
Und wenn ich einem zu viel Geld abgenommen habe, gebe ich ihm viermal so viel zurück."
Da sagte Jesus zu ihm: ...

Weißt du schon,

dass die Nähe eines Menschen gut machen kann, traurig oder froh machen kann?
dass Zeit haben für einen Menschen oft mehr sein kann als Geld?
dass das Anhören eines Menschen Wunder wirken kann?
dass ...

Der Vater kommt entgegen

Jesus erzählt: Ein Mann hatte zwei Söhne. Der jüngere von ihnen sagte: „Vater, gib mir jetzt schon von deinem Vermögen. Gib mir so viel, wie ich nach deinem Tod erben werde." Da teilte der Vater seinen Besitz auf.
Nach wenigen Tagen packte der jüngere Sohn alles zusammen und zog in ein fernes Land. Dort lebte er frei und ohne Pflicht. Er gab sein Geld mit vollen Händen aus. Als er alles verbraucht hatte, kam eine große Hungersnot über das Land und es ging ihm sehr schlecht. Da ging er zu einem Bürger des Landes. Den bettelte er an und ließ ihm keine Ruhe. Da schickte der Mann ihn aufs Feld zum Schweinehüten. Er war so hungrig, dass er am liebsten von dem Schweinefutter gegessen hätte. Aber niemand gab ihm davon. Da besann er sich und dachte in seinem Herzen: „Die vielen Tagelöhner meines Vaters haben mehr als genug zu essen und ich sterbe hier vor Hunger. Ich will mich auf den Weg machen und zu meinem Vater zurückgehen. Dann werde ich ihm sagen: Vater, ich habe gesündigt gegen Gott und gegen dich. Ich bin nicht mehr wert dein Sohn zu sein. Lass mich für dich arbeiten wie einen von deinen Tagelöhnern."
Dann machte er sich auf den Weg und ging zu seinem Vater. Der Vater sah ihn schon von weitem kommen und er hatte Mitleid mit ihm. Er lief dem Sohn entgegen, fiel ihm um den Hals und küsste ihn. Da sagte der Sohn: „Vater, ich habe gesündigt gegen Gott und gegen dich. Ich bin nicht mehr wert dein Sohn zu sein."
Der Vater aber sagte zu seinen Knechten: „Holt schnell das beste Gewand und zieht es ihm an. Steckt ihm einen Ring an den Finger und zieht ihm Schuhe an. Bringt das beste Kalb herbei und schlachtet es. Dann wollen wir essen und fröhlich sein. Denn mein Sohn war tot und nun lebt er wieder. Er war verloren und ist wiedergefunden worden."
Und sie fingen an, ein fröhliches Fest zu feiern.
Der ältere Sohn arbeitete zu dieser Zeit draußen auf dem Feld. Als er heimging und in die Nähe des Hauses kam, hörte er Musik und Tanz. Da rief er einen der Knechte und fragte ihn, was das bedeuten sollte. Der Knecht antwortete: „Dein Bruder ist zurückgekommen und dein Vater hat das beste Kalb schlachten lassen, weil er ihn heil und gesund wiederbekommen hat." Da wurde der ältere Bruder zornig und wollte nicht ins Haus gehen um mitzufeiern.
Sein Vater aber kam heraus und redete ihm gut zu. Doch er antwortete ihm: „Vater, ich arbeite schon so viele Jahre für dich und immer habe ich getan, was du mir gesagt hast. Aber mir hast du niemals auch nur einen Ziegenbock geschenkt, damit ich mit meinen Freunden ein Fest feiern konnte. Jetzt aber kommt der da zurück, dein Sohn. Er hat dein Geld durchgebracht und trotzdem lässt du für ihn das beste Kalb schlachten."
Der Vater antwortete ihm: „Mein Kind, du bist doch immer bei mir und alles, was mir gehört, gehört auch dir. Aber jetzt müssen wir uns doch freuen und ein Fest feiern. Denn dein Bruder war tot und nun lebt er wieder. Er war verloren und ist wiedergefunden worden."

Lk 15,11-32

Eine Tüte voller Liebe

„Du nimmst morgen Abend nicht an der Nikolausfeier teil", ordnet Herr Schreiner an und schickt Sebastian auf sein Zimmer. Am Nikolausabend liegt Sebastian allein auf seinem Bett. Die anderen Kinder erwarten den heiligen Mann ohne ihn. Tränen stehen in Sebastians Augen. Mit Wehmut denkt er an seine Eltern. Die Nikolausabende gehörten zu den schönsten seiner Kindheit. Onkel Dietmar hatte immer den Nikolaus gespielt. Das wusste Sebastian schon, als er erst fünf Jahre alt war. Mutter hatte ihrem Schwager gesagt, was er an Sebastians Verhalten loben und tadeln sollte. Die lobenden Worte waren stets in der Überzahl, darum gab es auch immer eine große Tüte, die gefüllt war mit selbst gebackenen Plätzchen und gekauften Süßigkeiten.
Heute liegt Sebastian hier auf seinem Bett und bekommt nichts! Herr Schreiner hat ihn von der Feier ausgeschlossen. Sebastian atmet schwer, wischt sich die Tränen aus den Augen. Vor dem Nikolausabend war er durchgedreht und aus dem Heim ausgerissen. Von der Polizei wurde er wieder hier abgeliefert. Darum hat Herr Schreiner die Teilnahme an der Nikolausfeier untersagt. Geschenke bekommen Ausreißer schon gar nicht.
Sebastian liegt still. Er hört Schritte und Türen schlagen. Die Feierstunde ist beendet. Er fühlt sich von allen verlassen. Plötzlich öffnet sich seine Zimmertür. Die anderen Heimkinder aus seiner Gruppe stürmen herein, allen voran Ingo. Über den Schultern baumelt ein langes Bettlaken. „Ich bin der Nikolaus", sagt er mit verstellter Stimme. „Der Nikolaus vergisst kein Kind und der heilige Mann kann auch verzeihen." Alle setzen sich zu Sebastian aufs Bett. Feierlich überreicht Ingo eine Tüte. Sie ist praller gefüllt als alle anderen.

Nordamerika:
Indianer rauchen eine Friedenspfeife.

Südamerika:
Matetee wird zum Zeichen der Gemeinschaft und des Friedens aus einer gemeinsamen Kürbistasse getrunken, die herumgereicht wird.

Indonesien:
Ein geflochtener Ring wird von dem Dorf-Ältesten gebracht. Er ist ein Zeichen für die Versöhnung. Zwei verfeindete Parteien können wieder miteinander sprechen und essen.

Christen im Gottesdienst:
Sie beten: „Vergib uns unsere Schuld."
Dann geben sie sich beim Friedensgruß die Hand.

Versöhnung:
Sich die Hände reichen, miteinander essen, sich umarmen, etwas teilen ...

- Sicher fallen dir weitere Möglichkeiten ein!
- Was ist den verschiedenen Versöhnungsritualen gemeinsam? Entwerft für eure Klasse ein Versöhnungsritual.

Die Versöhnung Gottes weitergeben

Nach seiner Auferstehung erschien Jesus seinen Jüngern.
Im Johannesevangelium wird erzählt:

Jesus kam in ihre Mitte und sagte zu ihnen: „Friede sei mit euch!"
Nach diesen Worten zeigte er ihnen seine Hände und seine Seite.
Da freuten sich die Jünger, dass sie den Herrn sahen.
Jesus sagte noch einmal zu ihnen: „Friede sei mit euch!
Wie mich der Vater gesandt hat, so sende ich euch."
Nachdem er das gesagt hatte, hauchte er sie an und sprach zu ihnen:
„Empfangt den Heiligen Geist!
Wem ihr die Sünden vergebt, dem sind sie vergeben;
wem ihr die Vergebung verweigert, dem ist sie verweigert!"

Joh 20,19-23

Die Christen befolgen diesen Auftrag Jesu bis heute, zum Beispiel wenn sie in einem Bußgottesdienst Versöhnung feiern.

➤ Jesus hat Menschen einen neuen Anfang ermöglicht.
Findet Beispiele dafür!

Im Beichtgespräch erfahren: Gott schenkt Versöhnung

Jana geht mit anderen Kindern der Gemeinde heute Nachmittag ins Gemeindezentrum. Sie packen aus, was sie mitgebracht haben, und bereiten alles für ein Fest vor.
Zunächst gehen sie miteinander in die Kirche. Sie singen ein Lied, das sie in der Gruppe gelernt haben. Dann denken sie gemeinsam über ihr Leben nach: über die guten und schönen Erfahrungen und Erlebnisse, aber auch über weniger gute. Sie erinnern sich an das, was nicht richtig war, was ihnen leidtut und was sie bereuen.
Herr Wittek, der Pfarrer, hilft ihnen dabei, auch bei ihren Überlegungen, was sie in Zukunft besser machen können. Jedes Kind kann dann in einem Beichtgespräch mit ihm nochmals einzeln über das sprechen, was ihm besonders am Herzen liegt.
Für Jana ist der Streit mit ihrem älteren Bruder Philipp wichtig. Da kommt es bei ihr regelmäßig zu Wutausbrüchen und dann macht sie auch schon einmal Sachen von Philipp kaputt, die sie gerade in die Hand bekommt.
Herr Wittek zeigt nicht nur viel Verständnis, er überlegt auch mit ihr, was sie in Zukunft besser machen könnte. Dann versichert er ihr, dass Gott auf sie schaut und sie annimmt, so wie sie ist, so wie Jesus die Kinder angenommen hat. Das, was nicht gut war und was ihr leidtut, verzeiht Gott.
Dann betet Herr Wittek:

„Gott, der barmherzige Vater, hat durch den Tod und die Auferstehung seines Sohnes die Welt mit sich versöhnt und hat den Heiligen Geist gesandt zur Vergebung der Sünden. Durch den Dienst der Kirche schenke er dir Verzeihung und Frieden. So spreche ich dich los von deinen Sünden. Im Namen des Vaters und des Sohnes und des Heiligen Geistes."

Jana versteht nicht alles, was Herr Wittek betet. Aber sie glaubt, was ihr der Pfarrer versichert: dass Gott sie liebt und ihr verzeiht.
Nach einem Dankgebet und dem Lieblingskanon „Lobet und preiset ihr Kinder den Herrn, freuet euch seiner und dienet ihm gern" gehen alle zusammen mit dem Pfarrer in den Gemeindesaal. Die Versöhnung mit Gott muss gefeiert werden:
Sie essen und trinken zusammen, tanzen und spielen. Es ist ein richtiges Versöhnungsfest.

Der Pfarrer hat für die Kinder auf einem Blatt zusammengefasst, was sie bei einem Beichtgespräch beachten sollen:

- nachdenken über das Leben
- manches bereuen
- manches besser machen wollen
- sich von der Schuld lossprechen lassen
- für die Versöhnung mit Gott danken

➤ In Janas Bericht kannst du einzelne Schritte der Feier der Versöhnung (Beichte) wiederfinden! Auch auf den Seiten 42 bis 56 findest du einzelne Schritte wieder. Was für dich dabei wichtig war, kannst du in dein Ich-Buch schreiben.

➤ Hast du in deiner Kommuniongruppe auch ein Versöhnungsfest gefeiert? Dann erzähle davon!

Weil du Ja zu mir sagst

T: Christian Heuser / M: Oskar Gottlieb Blarr

2. Hast mich hierher gestellt,
du, du weißt wie schwer mir's fällt,
hast mich hierher gestellt,
darum fang ich wieder an.

3. Weil du selbst mich bewachst,
über Wichtigtuer lachst,
weil du selbst mich bewachst,
darum fang ich wieder an.

4. Ist mein Widerstand auch groß,
komm ich doch nicht von dir los,
komm ich doch nicht von dir los,
darum fang ich wieder an.

Ich schätze an dir, dass du ...

- Stellt euch im Kreis auf. Alle haben auf dem Rücken ein Plakat. Schreibt einander darauf, was ihr an der oder an dem anderen schätzt. Du kannst die guten Eigenschaften, die auf deinem Plakat stehen, in dein Ich-Buch schreiben!
- Probiert Gesten aus, die Ablehnung, Versöhnung, Aufeinander-Zugehen, Einander-Annehmen ausdrücken.

4 Mit Jesus Mahl feiern

Lieber allein sein?

„Ferien!", ruft Thomas, als er das Schulgebäude verlässt. „Zwei Wochen Pfingstferien!"
„Nicht mehr früh aufstehen, in die Schule gehen und mittags Hausaufgaben machen müssen", ergänzt sein Freund Alexander.
Einige aus der Klasse fahren mit ihren Eltern in den Urlaub.
Thomas steht mit Alexander vor dem Schulhaus, Simon und Niklas kommen dazu.
„Was machst du in den Ferien?", fragen sie einander.
„Wir können bei mir Video schauen!", schlägt Alexander vor.
Simon hat eine andere Idee. „Meine Eltern haben ein großes Hauszelt für sechs Personen, wir können in unserem Garten zelten. Ein Feuerplatz ist auch dabei."
Da er in den Ferien noch auf seine jüngere Schwester aufpassen muss, wäre das mit dem Zelten für ihn eine günstige Gelegenheit, beides miteinander zu verbinden.
Seine Freunde sind begeistert, als er ihnen das große schöne Zelt beschreibt.
Sie wollen sich pünktlich um 17.00 Uhr bei Simon im Garten treffen.
Vorher müssen sie ihre Eltern fragen, Lebensmittel besorgen, Schlafsäcke und Luftmatratzen mitbringen.
Alle treffen sich pünktlich bei Simon im Garten. Auch zwei Mädchen sind mitgekommen: Petra und Melanie haben von ihrem Bruder Thomas von der Idee gehört und würden auch gerne mitzelten.
Unter der Anleitung von Simon bauen alle schnell das Zelt auf, auch die Luftmatratzen sind bald aufgeblasen, der Kocher und das Geschirr werden ebenfalls bereitgestellt.
Niklas betrachtet skeptisch das Kunststoffgeschirr, noch kann er sich gar nicht vorstellen, dass das Essen aus diesen Töpfen und Tellern schmecken soll. Aber er

will kein Spielverderber sein und das Abenteuer des Zeltens einmal miterleben.
Als Simons Eltern die kleine Schwester abholen, bringen sie noch Holz für ein Lagerfeuer mit. Rechtzeitig vor Einbruch der Dunkelheit verteilt Simon die Schlafplätze – und dabei entsteht der erste Streit.
Niklas möchte unbedingt den Platz am Zelteingang haben, aber den hat schon Simon als Hausherr für sich reserviert. Außerdem weigert er sich, seinen Schlafplatz neben den Mädchen zu haben.
Als Simon das Lagerfeuer anzündet und die anderen sich in die Runde setzen, packt Niklas seinen Schlafsack, seinen Waschbeutel und seine übrigen Sachen zusammen. „Ich will lieber daheim schlafen, das Zelt ist zu unbequem und das Geschirr ist mir zu unappetitlich", sagt er. Die anderen wollen ihn noch überreden, aber Niklas bleibt bei seiner Meinung:
„Daheim habe ich ein schönes Zimmer für mich allein, ein bequemes Bett und alles, was ich gerne esse, da fühle ich mich wohler."
„Aber in der Gruppe ist es doch viel toller", hält ihm Petra entgegen. Sie beobachten, wie er sich mehrmals zu ihnen umdreht.
„Schade, dass er geht!", bedauern sie.

Die Eltern von Niklas wundern sich, als ihr Sohn nach Hause kommt.
Als Niklas in seinem bequemen Bett liegt und sich seine Lieblingsmusik anhört, muss er immer wieder an die anderen denken und kann lange nicht einschlafen.

- Niklas muss immer an die anderen denken, er kann lange nicht einschlafen …
- Lieber allein sein – oder mit anderen zusammen sein?

Gut, dass wir einander haben!

➤ Manchmal streiten wir uns ...

➤ Trotzdem brauchen wir einander!

Wenn jeder mithilft ...

Tobias besucht die dritte Klasse, seine Schwester Anja die erste. Heute muss Tobias mit Anja nach Hause gehen, dabei hat er es doch so eilig. Nachmittags ist er nämlich mit den beiden Nachbarskindern zu einer Fahrradtour an den Baggersee verabredet.
Anja hat es wie immer nicht so eilig. Sie trödelt und kann angeblich nicht schneller laufen.
Dann lässt sie auch noch ihren Turnbeutel fallen, als sie die Straße überqueren.
Tobias denkt bei sich: Warum muss ich bloß so eine kleine Schwester haben!
Endlich sind sie zu Hause. Ungeduldig läutet er an der Haustür, einmal, zweimal ... Hört denn die Mutter heute so schlecht? Die Tür geht auf. Im dritten Stock empfängt sie die Nachbarin mit einem besorgten Gesicht: „Eure Mutter ist mit dem Notarztwagen ins Krankenhaus gefahren worden. Euer Vater ist bei ihr. – Ich habe für euch Nudeln mit Tomatensoße gekocht und einen Pudding dazu."
Die beiden sind wie vom Blitz getroffen. Vergessen ist die Fahrradtour. Im Kopf schwirren die Gedanken durcheinander: Wie geht es der Mutter? Ist sie sehr krank? Und wie geht es zu Hause weiter ohne sie? Sie stochern im Essen herum und warten ungeduldig auf den Vater, der Gott sei Dank bald kommt.
„Ist die Mutter schwer krank? Wie lange muss sie im Krankenhaus bleiben? Wo ist Jonas?"
Der Vater kann sie beruhigen: „Wenn alles gut geht, darf Mutter in einer Woche wieder nach Hause. Jonas ist ausnahmsweise noch im Kindergarten. Ich werde ihn nachher abholen.
Jetzt müssen wir eine Woche ohne Mutter zurechtkommen!" – „Klar", rufen die beiden wie aus einem Mund. Und sie kommen sich plötzlich sehr erwachsen vor. „Ich sage sofort die Fahrradtour ab, das versteht sich doch von selbst", sagt Tobias.
Er schlägt vor: Wir schreiben alle Arbeiten auf, die zu erledigen sind, und verteilen sie dann. Auf einmal ist er froh, dass Anja auch da ist, die mit ihren sieben Jahren schon tüchtig mithelfen kann.
Das steht unter anderem auf dem Zettel:

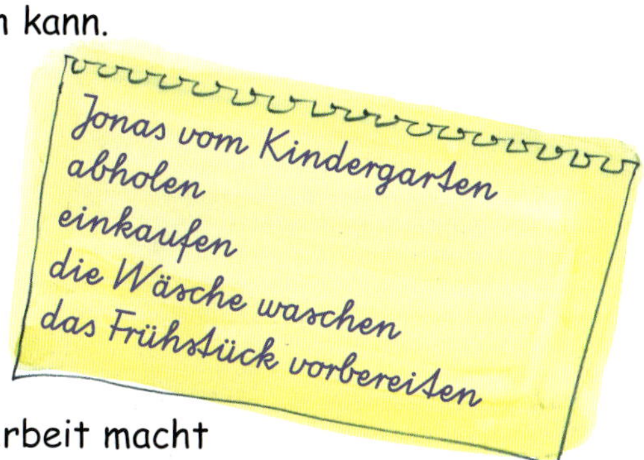

Tobias und Anja merken, dass so ein Haushalt ganz schön viel Arbeit macht und dass viel organisiert werden muss. Vater ist richtig stolz auf seine beiden Großen. Er kann sich auf sie verlassen.

➤ Spielt eine Familienkonferenz mit Vater, Tobias, Anja, Jonas. Überlegt, welche Arbeiten zu erledigen sind in einer Familie ohne Mutter, und schreibt sie einzeln auf Kärtchen. Einige Beispiele findet ihr bereits in der Geschichte.
Verteilt dann die Arbeiten auf die einzelnen Personen.
Bei manchen Aufgaben müsst ihr angeben, was genau zu tun ist.
Wie kann Jonas mit seinen vier Jahren helfen?

Miteinander essen – miteinander feiern

Wichtige Tage
im Leben eines Menschen
werden gefeiert …

➤ Miteinander feiern:
- nicht nur gut essen und trinken,
- nicht nur schöne Kleidung tragen,
- nicht nur Geschenke bekommen,
- sondern auch …

Der Zöllner Levi verlässt seine Arbeitsstelle

Ein Reporter fragt einige, die miterlebt haben, wie Levi seine Zollstation verlassen hat und Jesus mit ihm Mahl gefeiert hat: „Was meint ihr dazu?"

EIN PHARISÄER*: *„Jesus verstößt gegen Recht und die Gesetze unserer Religion."*

EINIGE NACHBARN: *„Wir verstehen nicht, dass sich ein frommer Jude wie Jesus mit unserem Nachbarn Levi an einen Tisch setzt!"*

FRAU DES LEVI: *„Ich bin entsetzt. Hat sich mein Mann nicht überlegt, wie jetzt unser Leben und das der Kinder aussehen soll, wenn er mit diesem Jesus mitgeht?"*

ANDERE ZÖLLNER*: *„Endlich einer, der uns Zöllner nicht verachtet und sogar mit uns Mahl feiert!"*

LEVI: *„Das war das erste Mal in meinem Leben, dass mich ein frommer Jude so angenommen hat, wie ich bin, und sich sogar mit mir an einen Tisch gesetzt hat."*

EINIGE JÜNGER: *„Mahl feiern ist für uns wie ein Gottesdienst. Wir verstehen nicht, warum unser Meister Jesus das mit Zöllnern tut."*

JESUS: *„Nicht die Gesunden brauchen den Arzt, sondern die Kranken."*

➤ Für den Reporter ist der letzte Satz ein unverständlicher Satz.

➤ Versuche dem Reporter zu erklären, was Jesus damit gemeint haben könnte.

NIBVS HIC QVINQVE SACIAVIT MILIA QVINQV

Abschied feiern – in Verbindung bleiben

Jesus feierte mit seinen Freunden – wie alle gläubigen Juden – jedes Jahr das Pessach*-Fest. Dabei gedachten sie der Befreiung der Israeliten aus der Knechtschaft in Ägypten* vor vielen hundert Jahren. Sie dankten Gott für diese Befreiung.
Das Pessach-Mahl, das Jesus am Ende seines Lebens mit seinen Freunden feierte, bekam für sie aber auch noch eine neue Bedeutung. Es wurde zum Zeichen des Neuen Bundes. Davon lesen wir im Lukasevangelium.

Petrus und Johannes bereiteten das Pessach-Mahl vor. Als es Abend wurde, setzte sich Jesus mit seinen Jüngern zu Tisch. Und Jesus sagte zu ihnen: „Ich habe mich sehr danach gesehnt, vor meinem Leiden dieses Pessach-Mahl mit euch zu essen."
Während des Essens nahm Jesus Brot, sprach das Dankgebet, brach das Brot und reichte es den Jüngern und sprach:
„Das ist mein Leib, der für euch hingegeben wird. Tut dies zu meinem Gedächtnis!"
Nach dem Essen nahm er auch den Kelch mit Wein und sagte:
„Dieser Kelch ist der Neue Bund in meinem Blut. Es wird für euch vergossen."

Nach Lk 22,13-20

Ein Mensch wie Brot

Wo er war,
begannen Menschen freier zu atmen.
Blinden gingen die Augen auf,
Gedemütigte wagten es, zum Himmel aufzuschauen
und Gott
ihren Vater zu nennen.
Sie wurden wieder Kinder,
neugeboren.
Er rief sie alle ins Leben.

Ein Mensch wie Brot,
das wie Hoffnung schmeckt,
bitter und süß.

Lothar Zenetti

Beim letzten Abendmahle

T: Christoph von Schmid
M: Melchior Vulpius

2. „Nehmt", sprach er, „trinket, esset: das ist mein Fleisch, mein Blut,
damit ihr nie vergesset, was meine Liebe tut."

Gelobt seist du,
Ewiger, unser Gott,
der das Brot aus der Erde hervorkommen lässt.

Gelobt seist du,
Ewiger, unser Gott,
der die Frucht des Weinstocks erschaffen.

Aus dem jüdischen Dankgebet

Mahl feiern – Jesu Gegenwart erfahren

Zwei der Jünger waren auf dem Weg in ein Dorf namens Emmaus, das sechzig Stadien von Jerusalem entfernt liegt. Sie sprachen miteinander über all das, was sich ereignet hatte.
Während sie redeten und ihre Gedanken austauschten, kam Jesus hinzu und redete mit ihnen.
Doch sie waren wie mit Blindheit geschlagen, sodass sie ihn nicht erkannten.

JESUS: Was sind das für Dinge, über die ihr auf eurem Weg miteinander redet?

Da blieben sie traurig stehen und der eine von ihnen antwortete ihm:

KLEOPAS: Bist du so fremd in Jerusalem, dass du als Einziger nicht weißt, was in diesen Tagen dort geschehen ist?

JESUS: Was denn?

BEIDE JÜNGER: Das mit Jesus aus Nazaret. Er war ein Prophet, mächtig in Wort und Tat vor Gott und dem ganzen Volk. Doch unsere Hohen Priester und Führer haben ihn zum Tod verurteilen und ans Kreuz schlagen lassen. Wir aber hatten gehofft, dass er der sei, der Israel erlösen werde. Und dazu ist heute schon der dritte Tag, seitdem das alles geschehen ist. — Nicht nur das: Einige Frauen aus unserem Kreis haben uns in große Aufregung versetzt. Sie waren in der Frühe beim Grab, fanden aber seinen Leichnam nicht. Als sie zurückkamen, erzählten sie, es seien ihnen Engel erschienen und hätten gesagt, er lebe. Einige von uns gingen dann zum Grab und fanden alles so, wie die Frauen gesagt hatten, ihn selbst aber sahen sie nicht.

JESUS: Begreift ihr denn nicht? Wie schwer fällt es euch, alles zu glauben, was die Propheten gesagt haben. Musste nicht der Messias all das erleiden, um so in seine Herrlichkeit zu gelangen?

Und er legte ihnen dar, ausgehend von Mose und allen Propheten, was in der gesamten Schrift über ihn geschrieben steht. So erreichten sie das Dorf, zu dem sie unterwegs waren. Jesus tat, als wollte er weitergehen, aber sie drängten ihn:

BEIDE JÜNGER: Bleib doch bei uns; denn es wird bald Abend, der Tag hat sich schon geneigt.

Da ging er mit ihnen, um bei ihnen zu bleiben. Und als er mit ihnen bei Tisch war, nahm er das Brot, sprach den Lobpreis, brach das Brot und gab es ihnen.
Da gingen ihnen die Augen auf und sie erkannten ihn; dann sahen sie ihn nicht mehr.

BEIDE JÜNGER: Brannte uns nicht das Herz in der Brust, als er unterwegs mit uns redete und uns den Sinn der Schrift erschloss?

Noch in derselben Stunde brachen sie auf und kehrten nach Jerusalem zurück und sie fanden die Elf und die anderen Jünger versammelt. Die sagten: Der Herr ist wirklich auferstanden und ist dem Simon erschienen. Da erzählten auch sie, was sie unterwegs erlebt und wie sie ihn erkannt hatten, als er das Brot brach.

Lk 24,13-35

➤ Die Jünger erkennen Jesus am Gebet und am Brechen des Brotes.
Dabei erinnern sie sich ...

Sich an Jesus erinnern ...

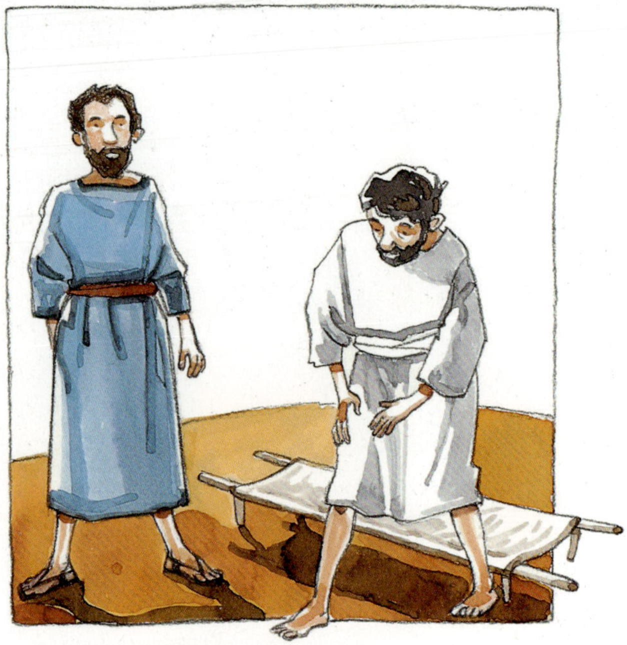

Sie hielten an der Lehre der Apostel fest und an der Gemeinschaft, am Brechen des Brotes und an den Gebeten. *Apg 2,42*

➤ Findet weitere Beispiele, woran sich Christen erinnern, wenn sie an Jesus denken.

... seinem Beispiel folgen

Bet- und Breakfast – eine Frühschicht

- Ein Projektvorschlag: Verabredet mit eurer Lehrerin, eurem Lehrer das Thema der Frühschicht. Legt eine Zeit fest und wählt einen Raum aus. Bildet zur Vorbereitung einzelne Gruppen, z. B. zur Auswahl der Lieder, zur Gestaltung eines Bodenbildes, zur Auswahl der Texte, zur Zusammenstellung von Fürbitten, zum Formulieren von Segenswünschen, zur Vorbereitung des anschließenden Frühstücks.
- Ihr könnt das Projekt mit anderen Gruppen zusammen durchführen.

5 Miteinander leben und feiern

Zusammenkommen – viel erleben

Tschüss gesagt

T/M: Annegret Pietron-Menges

Viele Aufgaben – ein Ziel

➤ Einer hat uns angesteckt ...

➤ Die Texte aus der Bibel auf Seite 80/81 haben Menschen bewegt, Aufgaben in der Gemeinde zu übernehmen. Findet Zusammenhänge heraus!

Worte, die Menschen bewegen

Ein Mann ging von Jerusalem nach Jericho hinab und wurde von Räubern überfallen. Sie plünderten ihn aus und schlugen ihn nieder; dann gingen sie weg und ließen ihn halb tot liegen.
Zufällig kam ein Priester denselben Weg herab; er sah ihn und ging weiter. Auch ein Levit kam zu der Stelle; er sah ihn und ging weiter.
Dann kam ein Mann aus Samarien, der auf der Reise war. Als er ihn sah, hatte er Mitleid, ging zu ihm hin, goss Öl und Wein auf seine Wunden und verband sie. Dann hob er ihn auf sein Reittier, brachte ihn zur Herberge und sorgte für ihn.

Nach Lk 10,30-34

Geht zu allen Völkern und
macht alle Menschen zu meinen
Jüngern;
tauft sie ...
und lehrt sie,
alles zu befolgen,
was ich euch geboten habe.
Seid gewiss:
Ich bin bei euch alle Tage
bis zum Ende der Welt.

Nach Mt 28,19-20

Herr, du hast mich erforscht
und du kennst mich.
Ob ich sitze oder stehe,
du weißt von mir.
Von fern erkennst du
meine Gedanken.
Ob ich gehe oder ruhe,
es ist dir bekannt;
du bist vertraut mit all
meinen Wegen.
Aus Ps 139,1-3
Vater unser im Himmel,
geheiligt werde dein Name.
Dein Reich komme.
Dein Wille geschehe,
wie im Himmel, so auf Erden.
Unser tägliches Brot gib uns heute.
Und vergib uns unsere Schuld,
wie auch wir vergeben
unsern Schuldigern.
Und führe uns nicht in Versuchung,
sondern erlöse uns von dem Bösen.
Denn dein ist das Reich und die Kraft
und die Herrlichkeit in Ewigkeit. Amen
Nach Mt 6,5-15

Zusammenkommen – auf Gottes Wort hören

2 Auf das Wort Gottes hören

1 Zusammenkommen, von Gott gerufen

Kommt herbei

T: Diethard Zils, nach Psalm 95, M: Volkslied aus Israel

3 Über das Wort Gottes nachdenken

4 Gott für alle Menschen bitten

GUTER GOTT,
du siehst auf uns und unsere Hilflosigkeit.
Du hörst uns.

Wir bitten dich für ...
Wir bitten dich um ...

Wir glauben, dass du uns beistehst,
und wir vertrauen auf dich.

6 Hochgebet:
Das Heil in
Jesus Christus
wird gegenwärtig

5 Die Gaben
bereiten

HERR, UNSER GOTT,
wir bringen dir Brot und Wein,
die Frucht der Erde
und der menschlichen Arbeit.
Lass sie uns zum Brot des Lebens
und zum Kelch des Heiles werden.

Denn als Jesus am Abend vor seinem Tod mit seinen Aposteln zu Tisch saß, da hat er Brot genommen und dir gedankt. Er hat es gebrochen, seinen Freunden ausgeteilt und dabei zu ihnen gesagt: „Nehmet und esset alle davon: Das ist mein Leib, der für euch hingegeben wird." Dann hat er den Kelch mit Wein genommen und dir noch einmal gedankt. Er hat den Kelch seinen Freunden gereicht und dabei zu ihnen gesagt: „Nehmet und trinket alle daraus: Das ist der Kelch des neuen und ewigen Bundes, mein Blut, das für euch und für alle vergossen wird zur Vergebung der Sünden. Tut dies zu meinem Gedächtnis."

7 In der Kommunion schenkt sich Jesus Christus zum Mahl

8 Segen und Sendung

Komm, Herr, segne uns *T/M: Dieter Trautwein*

Der Lebensweg Jesu – Stationen im Jahreskreis

- Vor Weihnachten und Ostern gibt es Zeiten der Vorbereitung. Sammelt Vorschläge, wie ihr diese Zeit gestalten könnt.
- Erntedank, Allerheiligen, Aufnahme Marias in den Himmel, Barbara, Aschermittwoch, Kirchweih, Nikolaus, Martin – schreibt diese Feste auf Kärtchen und legt sie an die richtige Stelle im Kirchenjahr.

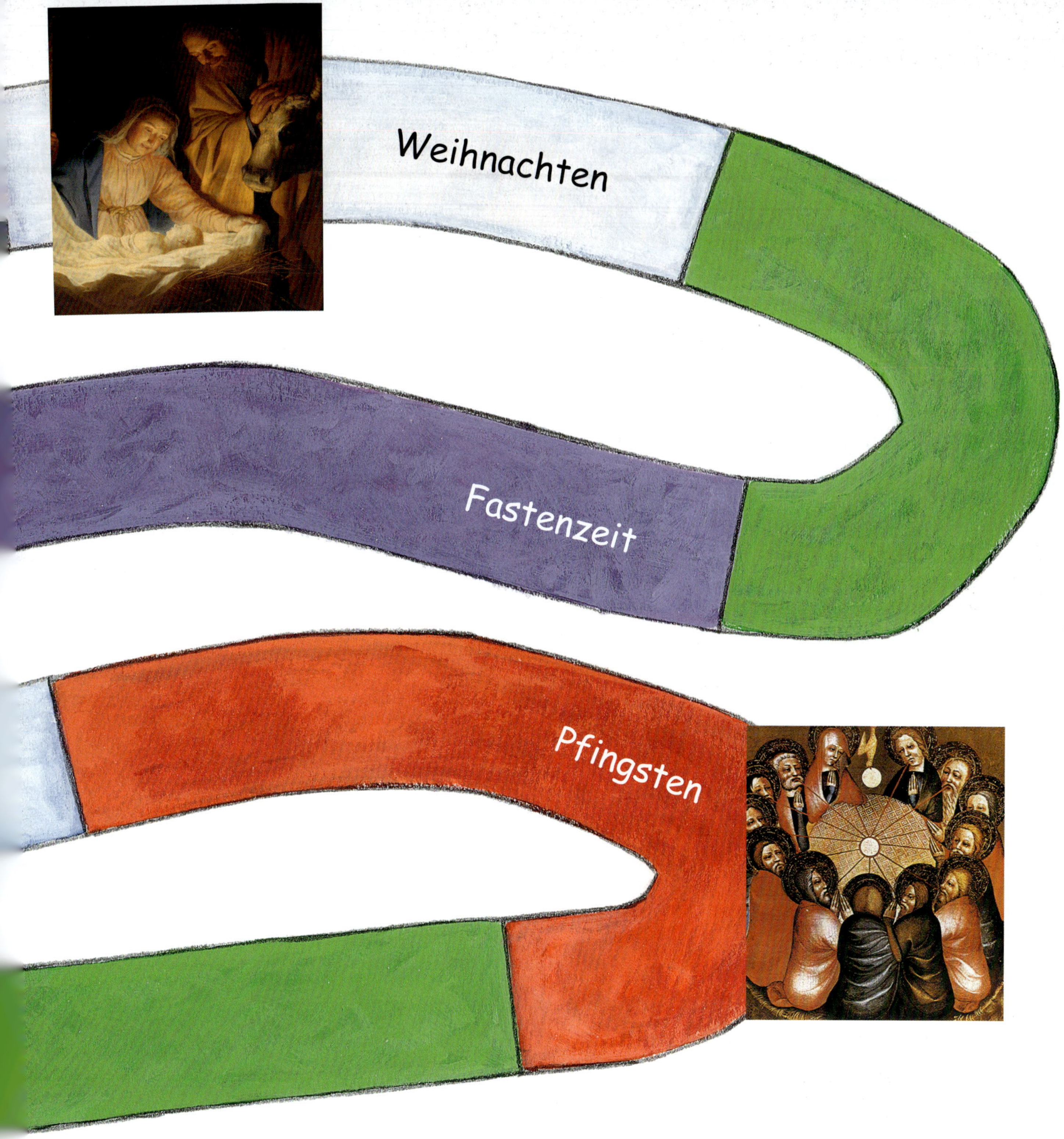
Weihnachten
Fastenzeit
Pfingsten

Vor ungefähr 120 Jahren waren mitten in der Woche in Turin, einer Stadt in Oberitalien, alle Läden geschlossen. Die Stadt war wie ausgestorben. Was war los? Ein Ladenbesitzer sagte: „Heute ist unser Don Bosco gestorben. Da trauert ganz Turin."
Wer war dieser Don Bosco? Er lebte im 19. Jahrhundert. Ein Junge aus dem kleinen Dorf Becchi, in dem Giovanni (Johannes) aufwuchs, erzählt:
„Er war einer von uns. Weil sein Vater schon früh gestorben war, musste er sehr hart auf dem Bauernhof arbeiten. Aber wenn er vom Markt kam, war er immer ganz besessen von den Kunststücken der Gaukler. Er übte so lange, bis er den Leuten Münzen aus der Nase ziehen konnte, oder lebendige Hühner aus einem leeren Korb zauberte. Und sonntags spannte er ein Seil über den Hof und tanzte darauf. Da lief das halbe Dorf zusammen. Er konnte so spannend erzählen, dass wir sogar der Predigt des Pfarrers, die er mit eigenen Worten wiederholte, interessiert gelauscht haben."

Ein Nachbar erzählt: „Weil Giovanni sehr arm war, musste er später auch das Geld für die Unterkunft und die Schule, die er im nahe gelegenen Ort besuchte, verdienen. So wurde er mit 12 Jahren ein Knecht. Er arbeitete auch als Schneider, Schuster, Schreiner und Kellner." Was er da gelernt hatte, konnte er später noch gut gebrauchen. Nach der Arbeit studierte er fleißig, um eines Tages Priester werden zu können.

Der Freund der Gassenjungen

In Turin hatte Don Bosco, wie er jetzt als Priester genannt wurde, eine wichtige Begegnung, die sein ganzes Leben ändern sollte: In der Sakristei der Kirche, in der Don Bosco die Messe feiern wollte, schlug der Mesner mit einem Besen heftig auf einen verwilderten, zerlumpten Lausbuben ein, der daraufhin schnellstens die Flucht ergriff. „So ein Schlingel und Taugenichts", schimpfte der Mesner. Don Bosco, der dazukam, befahl ihm: „Hol ihn zurück, denn er ist mein Freund."
Dann fragte er den verschüchterten Jungen: „Wer sind deine Eltern, wo wohnst du, gehst du noch zur Schule, wo arbeitest du?" Der Junge schüttelte immer nur den Kopf. Schließlich fragte ihn Don Bosco: „Kannst du pfeifen?" Da lachte der Junge zum ersten Mal. Ja, pfeifen konnte er, und wie! Am Abend brachte der Junge seine Kameraden mit, alle arm, obdachlos, ohne Arbeit. Don Bosco unterhielt sich mit ihnen. Dabei sprach er auch von Gott, der sie liebt, auch wenn die Leute sie kleine Diebe und Taugenichtse schimpften. Für die Jungen war Don Bosco der erste Mensch, der sich

um sie kümmerte. Don Bosco wusste plötzlich: Das ist meine Aufgabe als Priester und Christ: Ich will mich um diese armen Jungen kümmern.

Ein Haus voller Straßenkinder

Immer mehr Kinder und Jugendliche kamen zu Don Bosco. Sie waren obdachlos, hatten keine Eltern, wurden beim Arbeiten ausgenutzt und streiften abends ziellos in der Stadt umher. Zuerst mietete Don Bosco einen Schuppen und baute ihn aus. Da konnte er alles, was er als Schüler und Student gelernt hatte, gut gebrauchen. Bei den Leuten bettelte er um Essen und Kleidung für seine Jungen. Besonders freuten sich diese, wenn er mit ihnen spielte, sang, um die Wette rannte, sie mit seinen Kunststücken überraschte und die Sonntage nach dem Gottesdienst bis zum Abend mit ihnen verbrachte. Don Bosco gefiel es, wenn sie laut und lustig waren. „Lasst mir wenigstens die Mauern stehen", pflegte er zu sagen, wenn sie es gar zu arg trieben. Neben aller Ausgelassenheit waren sie ganz aufmerksam, wenn er ihnen Geschichten aus der Bibel erzählte, von Gott sprach, mit ihnen betete und Gottesdienst feierte. Sie spürten: Er mag uns und sie glaubten ihm, wenn er sagte: „Gott liebt euch, auch wenn Menschen euch Nichtsnutze schimpfen."

Jugendheime, Werkstätten, Schulen

Don Bosco wusste, dass auch Schulen und Werkstätten notwendig waren, in denen die Jugendlichen einen Beruf erlernen konnten. Viele Heime, Werkstätten und Schulen hat er errichten lassen, auch wenn er oft nicht wusste, woher er das Geld nehmen sollte. Junge Männer halfen ihm bei seinen Aufgaben. Auch eine Frau, Maria Marcarello, und ihre Mitarbeiterinnen unterstützten Don Bosco. Sie kümmerten sich vor allem um die Mädchen.
Zuerst wurde Don Bosco verlacht und für verrückt erklärt. Später bewunderten ihn die Einwohner von Turin und verehrten ihn. Jetzt versteht ihr, warum die Jugendlichen und mit ihnen die Bewohner von Turin trauerten, als Don Bosco starb. „Wir haben einen Freund verloren. Er hat mit uns gelebt und uns so die Liebe Gottes spüren lassen." Don Bosco ist später heiliggesprochen worden. Heute gibt es viele Schulen und Heime, viele Männer und Frauen, die sich um Jugendliche kümmern.

Fröhlich sein, Gutes tun

T: nach Don Bosco / M: Reinhard Horn

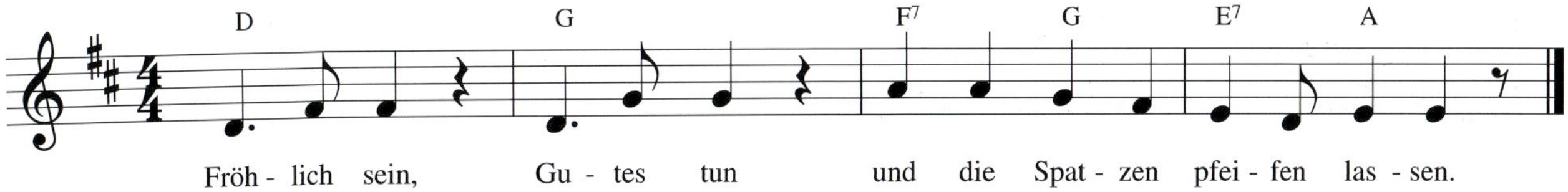

In der Pfarrgemeinde leben

➤ Befragt Menschen, die in der Gemeinde arbeiten: Pfarrer, Gemeindereferentin, Jugendleiter, Pfarrsekretärin, Organist ...

➤ Informiert euch, was in eurer Gemeinde passiert, und gestaltet eine Pinnwand mit euren Ergebnissen.

➤ Das könnt ihr untersuchen:
Was wird angeboten?
Welche Gruppen gibt es?
Was fehlt?
Was wünschst du dir?
Wo kannst du mitmachen?

➤ Dafür setzt sich die Gemeinde ein: Erkundigt euch in der Gemeinde!

6 Sich nach Gerechtigkeit und Frieden sehnen

Not - Unrecht - Leid sehen

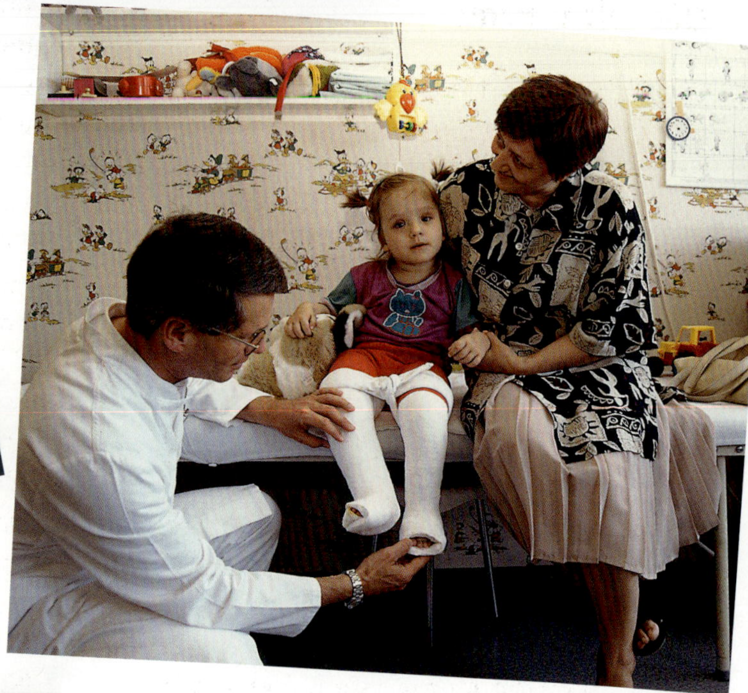

Die alte Frau

Die Mama räumt das Zimmer auf.
„Hier liegt noch die Stromrechnung für die Frau Hompke vom dritten Stock", sagt sie. „Der Postbote hat sie irrtümlich zu uns gebracht. Trägst du sie rauf?" – „Och", sagt Nuschi. „Nee."
„Warum denn nicht?", fragt die Mama und nimmt die Mickymaushefte aus dem Brotkörbchen.
„Weil ...", sagt Nuschi. „Alte Leute sind langweilig."
„So eine alte Frau", sagt die Mama, „oder ein alter Mann, die haben viele geheime Schätze."
Nuschi schaut.
„Klar", sagt die Mama, „sie haben ein langes Leben gelebt. In ihren Köpfen sind unzählige Geschichten, lustige und traurige. Ihre Augen haben Plätze und Ereignisse gesehen, die wir nicht kennen. Ihre Ohren haben Dinge gehört, die wir nicht wissen. Ihre Hände haben Sachen angefasst, denen wir niemals begegnen werden, weil es sie nicht mehr gibt. Und sie haben Menschen getroffen, über die wir nichts erfahren, wenn sie uns nicht von ihnen berichten."
Nuschi dreht die Stromrechnung in den Händen.
„Meinst du?", sagt sie. „Aber die Frau Hompke spricht nicht mit mir. Die sagt höchstens: Du bist aber groß geworden! Und dann gibt sie mir ein blödes Bonbon."
Die Mama lacht. „Du läufst ja auch so schnell wieder weg", sagt sie zu Nuschi. „Ich weiß ganz bestimmt, dass die Frau Hompke gern mit dir reden würde. Sie ist ja immer allein. Aber Erinnerungen kann man nicht anknipsen wie ein Radio. Da braucht man schon Zeit."
Nuschi nickt. Sie nimmt die Stromrechnung und läuft die Treppe hinauf.
„Du bist aber groß geworden!", sagt Frau Hompke.
„Ja", sagt Nuschi. „Darf ich ein bisschen hereinkommen?"

Gina Ruck-Pauquèt

Was mich bedrückt,

- wenn ich eine schlechte Note erwarte,
- wenn meine beste Freundin/mein bester Freund wegzieht,
- wenn die Lehrerin/der Lehrer ungerecht ist,
- wenn sich meine Eltern streiten,
- wenn ich ein Problem habe und niemand mir zuhört,
- wenn ...

➤ Schreibe auf, was auf dich zutrifft. Ergänze die Liste.
➤ Fragt auch eure Mitschülerinnen und Mitschüler, Eltern, Nachbarn.

Unrecht beim Namen nennen

„Wir wollen den Kornspeicher öffnen,
das Maß kleiner,
den Preis größer machen
und die Gewichte fälschen."

Am 8,5

Diese Sätze hört Amos, ein Viehzüchter, der mit offenen Augen durch das Land Israel zieht.
Er sieht, wie vielen Menschen Unrecht getan wird.
Immer wieder weist er auf dieses Unrecht hin.
Als Prophet* spricht er im Auftrag Gottes.

„Wenn ihr mir
Brandopfer darbringt,
ich habe kein Gefallen
an euren Gaben
und eure fetten Heilsopfer
will ich nicht sehen."

Am 5,22

„Ihr nehmt von den Hilflosen Pachtgeld
und belegt ihr Getreide mit Steuern."

Am 5,11

„Ihr bringt den Unschuldigen in Not,
ihr lasst euch bestechen."

Am 5,12b

„Ihr liegt auf Betten aus Elfenbein
und faulenzt auf euren Polstern."

Am 6,4

„Ihr trinkt den Wein aus großen Humpen,
ihr salbt euch mit dem feinsten Öl
und sorgt euch nicht über
den Untergang des Volkes."

Am 6,6

➤ Suche bei den Bildern und Sätzen, was Amos sieht und anprangert. Warum lehnt er das Verhalten seiner Mitmenschen ab?

➤ Wähle dir eine Situation aus: Wie müssten die Menschen richtig handeln?

Sich für die Rechte von Menschen einsetzen

Samuel Ruiz Garcia von Chiapas

Zum Beispiel für Indios in Mexico

Lorena, ein Mädchen aus Mexiko, erzählt:
Ich gehöre zu den Indios, den Nachkommen der Ureinwohner von Mexiko. Weil wir Indios sind, haben wir wenig Rechte und werden von den Großgrundbesitzern ausgebeutet. Unsere Indio-Dörfer bestehen zum großen Teil aus einfachen Hütten, oft ohne Wasser- und Stromanschluss. Die meisten von uns Kindern gehen nicht zur Schule. Viele haben Geschwister, die schon ganz klein gestorben sind, weil kein Arzt sich um uns kümmert. In dieser Situation kam uns der Bischof Samuel zu Hilfe. Unerschrocken kämpfte er für uns, für unsere Menschenrechte, für die Schulbildung der Kinder, vor allem gegen die Enteignung des Landes, das uns Indios so heilig ist. Auch als er Morddrohungen bekam und sein Foto zur Fahndung aushing, ließ er sich nicht entmutigen. So ist er für uns zur großen Hoffnung geworden und unser *Tatic*, unser „Väterchen". Sein Einsatz für die Entrechteten ist sogar in Europa bekannt geworden. Wir sind stolz, dass er 2001 den Internationalen Menschenrechtspreis von Nürnberg erhalten hat.

➤ Zu den Menschenrechten vgl. Lexikon S. 127. In dem Bericht von Lorena kannst du herausfinden, welche Menschenrechte verletzt werden.

Zum Beispiel für Kinder in Indien

Kisun erzählt:
Ich heiße Kisun und lebe in Indien. Aufgewachsen bin ich in einem Dorf, bei meinen Eltern mit acht Geschwistern. Oft hatten wir nicht genug zu essen. Vor einem Jahr kam ein Fremder aus der Stadt zu uns und bot meinem Vater an, dass ich zum Teppichknüpfer ausgebildet werde. Ich könnte viel Geld verdienen und ab und zu ins Kino gehen. Eine tolle Vorstellung! Mein Vater erhielt sogar noch eine kleine Summe Geld für mich. Als ich in die Stadt kam, sah alles ganz anders aus. Zehn Stunden am Tag, von Montag bis Sonntag sitze ich mit vielen anderen Kindern in einer dunklen Halle vor dem großen Knüpfrahmen und knüpfe mit meinen kleinen Händen Teppiche. Mein Rücken schmerzt, ich muss häufig husten und habe einen Hautausschlag von den vielen Flusen in der staubigen Luft. Morgens und abends bekomme ich etwas Fladenbrot und eine wässrige Linsensuppe zu essen. Einen freien Tag habe ich nie. Nach Hause kann ich nicht, ich habe kein Geld und weiß nicht, wie ich hier wegkommen kann. So knüpfe und knüpfe ich Teppiche – auch jetzt.
Wie Kisun geht es vielen tausend Kindern in Indien. Misereor*, Brot für die Welt, Terre des Hommes und Unicef kümmern sich um solche Teppichknüpfer-Kinder, die ausgebeutet werden, krank sind und keine Zukunft haben. Mit dem Zeichen Rugmark kennzeichnen diese Organisationen die handgeknüpften Teppiche, die nicht von Kindersklaven angefertigt wurden.

➤ Erkundige dich im Internet, was die Aktion „rugmark" alles unternimmt, um gegen die Kinderarbeit anzukämpfen.

Zum Beispiel für die Witwen zur Zeit Jesu

Jesus sieht ungerechtes Verhalten in seiner Umgebung. Er sagt:
„Schriftgelehrte bringen Witwen um ihre Häuser und verrichten in ihrer Scheinheiligkeit lange Gebete." *Mk 12,40*

Sehen – Mitleid haben – handeln

Ein Gesetzeslehrer fragte Jesus: „Wer ist mein Nächster?"
Darauf antwortete Jesus: „Ein Mann ging von Jerusalem nach Jericho hinab und wurde von Räubern überfallen. Sie plünderten ihn aus und schlugen ihn nieder; dann gingen sie weg und ließen ihn halb tot liegen.
Zufällig kam ein Priester denselben Weg herab; er sah ihn und ging weiter.
Auch ein Levit kam zu der Stelle; er sah ihn und ging weiter.
Dann kam ein Mann aus Samarien, der auf der Reise war. Als er ihn sah, hatte er Mitleid, ging zu ihm hin, goss Öl und Wein auf seine Wunden und verband sie. Dann hob er ihn auf sein Reittier, brachte ihn zu einer Herberge und sorgte für ihn. Am anderen Morgen holte er zwei Denare hervor, gab sie dem Wirt und sagte: ‚Sorge für ihn, und wenn du mehr für ihn brauchst, werde ich es dir bezahlen, wenn ich wiederkomme.'
Was meinst du: Wer von diesen dreien hat sich als der Nächste für den erwiesen, der von den Räubern überfallen wurde?"
Der Gesetzeslehrer antwortete: „Der, der barmherzig an ihm gehandelt hat."
Da sagte Jesus zu ihm: „Dann geh und handle genauso!"

Lk 10,29-37

➤ Lies noch einmal die Erzählung „Eine Tüte voller Liebe" von S. 54 und vergleiche sie mit der Erzählung vom barmherzigen Samariter.

Not sehen und helfen

Bruder Martin ist Mitglied des Franziskanerordens. In Nürnberg hat er in der Nähe des Bahnhofes verschiedene Räume eingerichtet, z. B. einen Aufenthaltsraum, einen Behandlungsraum, einen Ruheraum, Küche und Waschküche, Dusche und WC, eine freundliche, alkoholfreie Kneipe, ein Besprechungszimmer und einen Meditationsraum sowie zwei kleine Wohnungen. Alle Menschen, die Hilfe brauchen, können sich an ihn oder seine Mitarbeiter und Mitarbeiterinnen wenden.

Einige Kinder aus der 3. Klasse der Grundschule Insel Schütt in Nürnberg haben ihn besucht und befragt.

KINDER: *Welche Menschen kommen zu Ihnen?*
BRUDER MARTIN: Es sind vor allem Frauen und Männer, die keine Wohnung haben und deshalb im Freien auf Straßen, Bahnhöfen oder Parks leben müssen. Außerdem suchen viele junge Menschen, die von Drogen oder Alkohol abhängig sind, bei uns Hilfe.
KINDER: *Wie helfen Sie diesen Menschen?*
BRUDER MARTIN: Die Menschen können sich bei uns ausruhen, sich duschen und waschen oder ihre Kleidung waschen. Sie können mit uns ihre Probleme besprechen. Außerdem erhalten sie Kleidung oder Lebensmittel. Viele sind krank und brauchen dringend einen Arzt, den wir ihnen vermitteln. Einige Ärzte helfen in ihrer Freizeit bei uns ehrenamtlich mit.
Wir unterstützen sie auch bei der Suche nach einer Wohnung oder nach einem Arbeitsplatz.
KINDER: *Wie sind Sie auf den Gedanken gekommen, sich gerade um diese Menschen zu kümmern?*
BRUDER MARTIN: Als Kind habe ich zu Hause Ordensschwestern beobachtet, wie sie kranken Menschen geholfen haben. Das hat mich so begeistert, dass ich selber in den Orden der Franziskaner eingetreten bin.
Dann habe ich als Krankenpfleger erlebt, wie in Krankenhäusern Obdachlose oder Drogenabhängige oft abgewiesen oder nicht liebevoll behandelt worden sind. Deshalb habe ich mich entschlossen diesen Menschen zu helfen.
Die schlimmste Krankheit für die Menschen ist das Ungeliebt-Sein, die Ablehnung. Jeder Mensch hat eine eigene Geschichte, sein eigenes erlittenes Unrecht. Deshalb nehme ich den heiligen Franziskus als Vorbild, der mit Liebe auf diese Menschen zugegangen ist.

Hilfe für Ali Mahmoud

Als Pater Ernst Schnydrig am Heiligen Abend auf dem Weg zur Geburtskirche in Betlehem ist, sieht er, wie ein verzweifelter Vater etwas abseits des Flüchtlingslagers im Morast sein verhungertes Kind begräbt. Pater Schnydrig ist so erschüttert, dass er schon am nächsten Tag ein Haus mietet, vierzehn Betten hineinstellt und es „Caritas-Baby-Hospital" nennt. Nie mehr soll ein Kind in der Stadt, in der Jesus geboren wurde, sterben, weil niemand geholfen hat. Das war im Jahr 1952.

Viele Jahre später kommt Alis Mutter mit ihrem Sohn in das Baby-Hospital. Alis Mutter ist verzweifelt. Weil sie arm war, hatte sie das Milchpulver mit unsauberem Wasser verdünnt. Ali erbrach ständig, hatte hohes Fieber, magerte ab und konnte schließlich überhaupt keine Nahrung mehr zu sich nehmen. Auf dem Bild seht ihr ihn auf dem Arm seiner Mutter, wie er schon wieder kräftig ist, nachdem er lange Zeit mit dem Fieber kämpfte und künstlich ernährt wurde.

Viele Menschen, auch bei uns, unterstützen das Caritas-Baby-Hospital, damit dort Kindern geholfen wird, die sonst sterben müssten.

- Über das Baby-Hospital könnt ihr euch im Internet informieren.
- Bruder Martin und Pater Schnydrig hat das Gleichnis vom barmherzigen Samariter bewegt, auch in ihrer Umgebung Not zu sehen und zu helfen.
- Finde weitere Beispiele von Menschen, die sich der Not anderer annehmen.

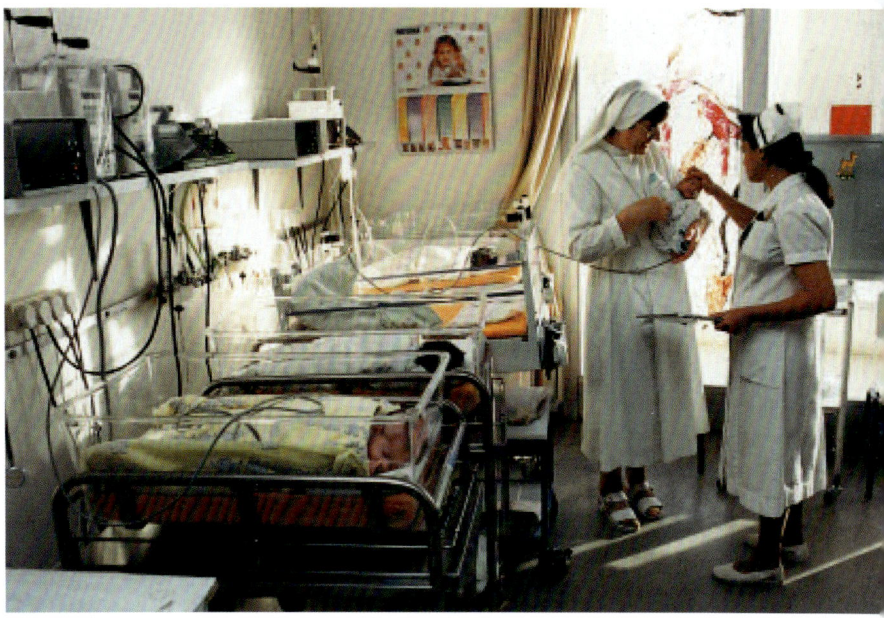

In der Not dabei sein

Jesus ging mit seinen Jüngern zum Ölberg. Zu Petrus, Jakobus und Johannes sagte er: „Bleibt hier und wacht." Und Jesus ergriffen Furcht und Angst. Er betete:
„Abba, Vater, alles ist dir möglich. Nimm diesen Kelch von mir."
Und er ging zurück und fand sie schlafend. Da sagte er zu Petrus: „Simon, du schläfst? Konntest du nicht einmal eine Stunde wach bleiben?"
Und er ging wieder weg und betete mit den gleichen Worten.
Als er zurückkam, fand er sie wieder schlafend, denn die Augen waren ihnen zugefallen und sie wussten nicht, was sie ihm antworten sollten.
Und er kam zum dritten Mal und sagte zu ihnen: „Schlaft ihr immer noch und ruht euch aus?"

Nach Mk 14,32-42

Ist das alles?

Evi erfährt, dass ihre Tante Rita in ihrer Freizeit im Hospiz* aushilft.
EVI fragt: *„Was ist ein Hospiz?"*
TANTE RITA: „Im Hospiz werden Menschen gepflegt, die nicht mehr gesund werden, denen die Ärzte nicht mehr helfen können."
EVI will es genauer wissen: *„Und was machst du im Hospiz?"*
TANTE RITA: „Ich sitze am Bett und unterhalte mich mit den Menschen. Oft muss ich nur zuhören, denn sie brauchen jemanden, mit dem sie reden können. Sie erzählen von ihren Schmerzen, aus ihrem Leben, von schweren Tagen, aber auch von schönen und lustigen Erlebnissen, dann lachen wir zusammen. Manchmal sind die Kranken so schwach, dass sie nicht mehr sprechen können, dann halte ich nur ihre Hand."
EVI: „Ist das alles, was du tun kannst?"

In der Not dabei sein:

- die andere oder den anderen wahrnehmen
- sie oder ihn trösten, umarmen
- mit ihr oder ihm weinen
- ihr oder ihm zuhören

Sich sehnen - hoffen - Trost finden

Als die Juden fern ihrer Heimat in der Verbannung leben mussten, hatten sie kein Haus, kein Land und keinen Tempel. Da stellte ihnen der Prophet Jeremia im Auftrag Gottes eine glückliche Heimkehr in Aussicht:

Alle Menschen sehnen sich nach einer Welt, in der sie friedlich miteinander leben und gut mit der Natur umgehen.

- Male dir in deiner Fantasie eine solche Welt aus.
  Was gehört für dich alles dazu?
- Male dazu ein Bild, schreibe eine Geschichte oder ein Gedicht.

> Weinend kommen sie und tröstend geleite ich sie.
> Ich führe sie an Wasser führende Bäche,
> auf einen ebenen Weg, wo sie nicht straucheln.
> Denn ich bin Israels Vater.
> Sie kommen und jubeln auf Zions Höhe,
> sie strahlen vor Freude über die Gaben des Herrn,
> über Korn, Wein und Öl, über Lämmer und Rinder.
> Sie werden wie ein bewässerter Garten sein
> und nie mehr verschmachten.
> Dann freut sich das Mädchen beim Reigentanz,
> Jung und Alt sind fröhlich.
> Ich verwandle ihre Trauer in Jubel,
> tröste und erfreue sie nach ihrem Kummer.
>
> *Jer 31,9-13*

- Welche Bilder gebraucht Jeremia, um den Juden eine glückliche Heimkehr vorzustellen?
- Was wollte Jeremia bei den Juden in der Verbannung damit wohl erreichen?
- Vergleicht die Bilder des Jeremia mit euren Bildern.

Die ersten Christen wurden verfolgt und mussten damit rechnen, getötet zu werden. In dieser Not stellte ihnen Johannes eine Zukunft vor Augen:

> Ich sah einen neuen Himmel und eine neue Erde.
> Da hörte ich eine laute Stimme rufen:
> Seht die Wohnung Gottes unter den Menschen.
> Er wird in ihrer Mitte wohnen und sie werden sein Volk sein
> und er, Gott, wird bei ihnen sein.
> Er wird alle Tränen von ihren Augen abwischen.
> Der Tod wird nicht mehr sein,
> keine Trauer, keine Klage, keine Mühsal.
> Denn was früher war, ist vergangen. *Off 21,2-4*

Der Traum von einem Paradies

T: Norbert Weidinger und Rolf Krenzer
M: Ludger Edelkötter, IMPULSE-Musikverlag

2. Wo Bäume tausend Früchte bringen
und wir bei der Arbeit singen.
Wo wir miteinander lachen
und die schönsten Sachen machen.

3. Wo Feinde sich die Hände reichen,
Angst und Schrecken endlich weichen.
Gott erfüllt uns jede Bitte,
er wohnt selbst in uns're Mitte.

- Wie hilft Johannes den verfolgten Christen?
- „Gott wohnt bei den Menschen" – So stelle ich mir das vor ...

Kleine Schritte zu einer besseren Welt

Viele kleine Leute

T: aus Afrika
M: Detlev Jöcker

① C d G C ②

Vie - le klei - ne Leu - te an vie - len klei - nen

③

Or - ten, die vie - le klei - ne Schrit - te tun,

④

kön - nen das Ge - sicht der Welt ver - än - dern.

Eine Zukunftswerkstatt

- Planen
- Vorbereiten
- Durchführen
- Auswerten

So könnt ihr vorgehen:

1. Aufmerksam werden auf die Situation in der Lerngruppe.
2. Das stört uns, gefällt uns nicht, ärgert uns ...
3. Wir träumen von einer idealen Klasse.
4. Welchen Schritt zur Verbesserung können wir durchführen?
5. Wer kann uns dabei helfen?
6. Wir überprüfen nach einiger Zeit, ob unser Vorhaben etwas gebracht hat.

➤ Ihr könnt auch eine Zukunftswerkstatt mit der ganzen Klasse durchführen.

➤ Erkundigt euch, ob es an eurer Schule Streitschlichter* gibt.

➤ Versucht einen Streitfall nach den Regeln der Streitschlichter zu lösen. Ihr findet sie im Lexikon Seite 131.

7 Die Bibel verändert die Welt

Ein weit verbreitetes Buch

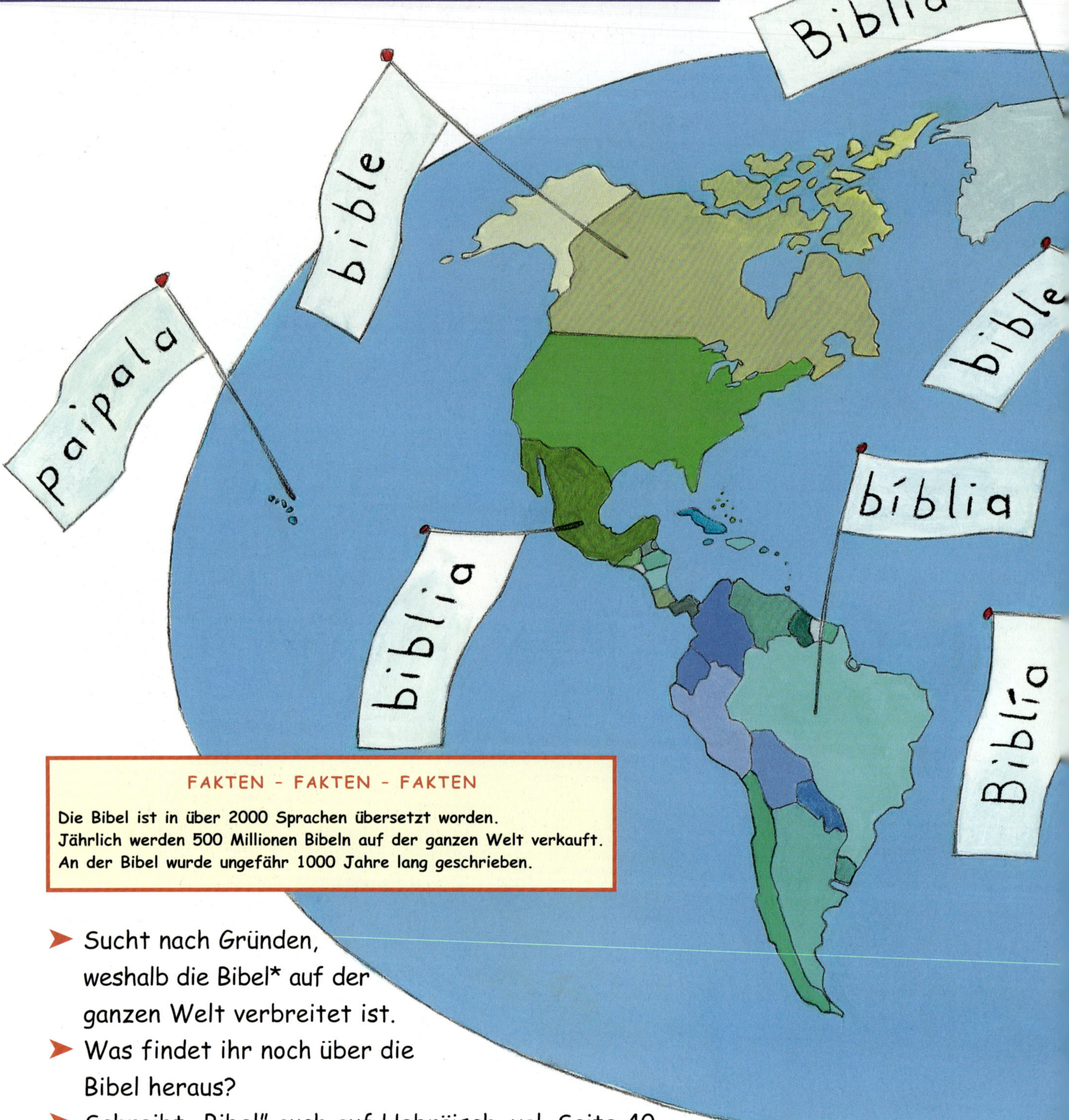

FAKTEN – FAKTEN – FAKTEN

Die Bibel ist in über 2000 Sprachen übersetzt worden.
Jährlich werden 500 Millionen Bibeln auf der ganzen Welt verkauft.
An der Bibel wurde ungefähr 1000 Jahre lang geschrieben.

- Sucht nach Gründen, weshalb die Bibel* auf der ganzen Welt verbreitet ist.
- Was findet ihr noch über die Bibel heraus?
- Schreibt „Bibel" auch auf Hebräisch, vgl. Seite 40.
- Schlagt im Lexikon nach, was das Wort Bibel bedeutet.

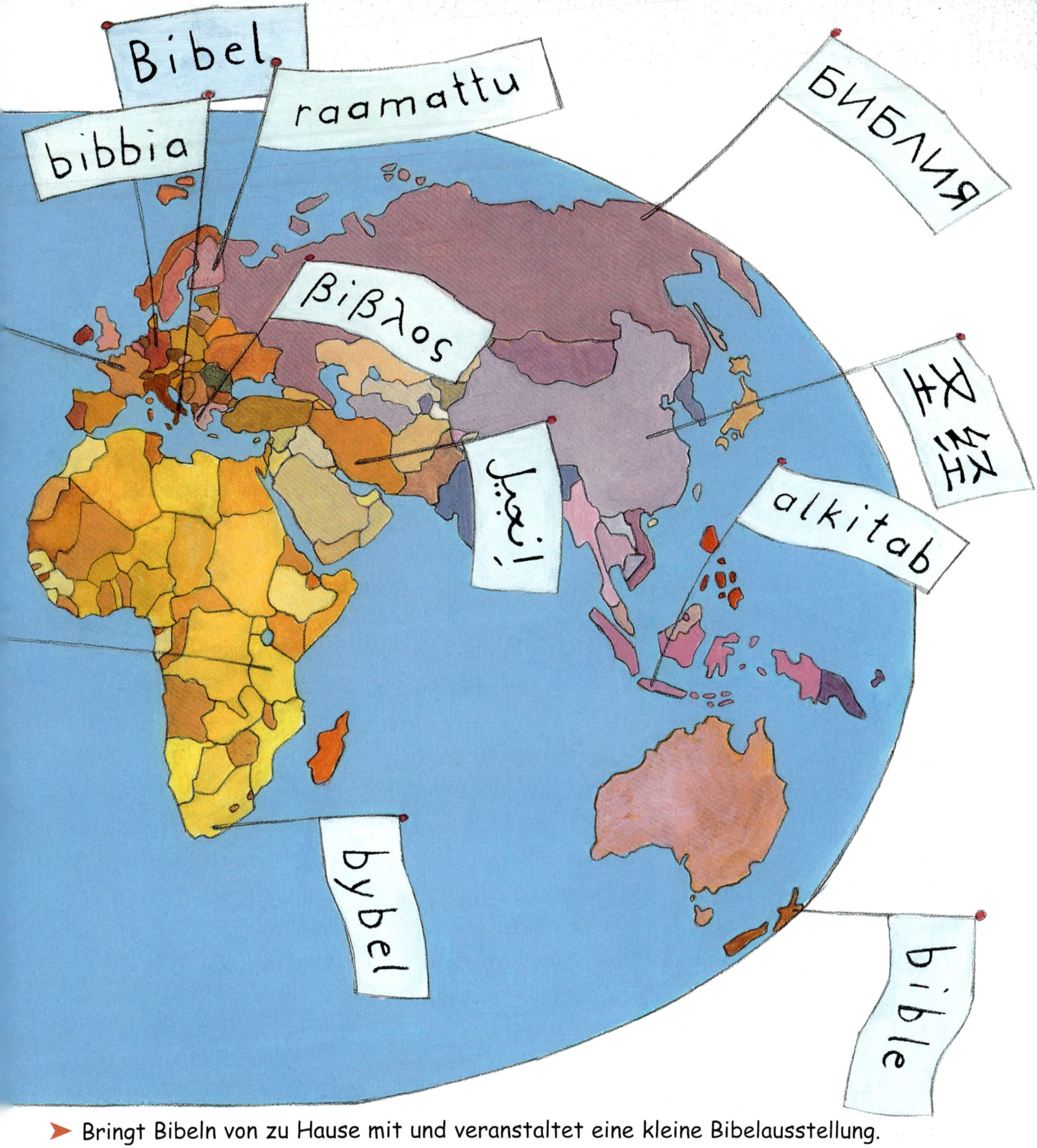

➤ Bringt Bibeln von zu Hause mit und veranstaltet eine kleine Bibelausstellung.

Ein Buch für viele Menschen

Die Bibel teilen

Bauern und Bäuerinnen aus einer Gemeinde in Südamerika treffen sich jede Woche und lesen in der Bibel. Heute lesen sie:

„Der Herr sprach: Ich habe das Elend meines Volkes in Ägypten* gesehen, und ihre laute Klage über ihre Antreiber habe ich gehört. Ich kenne ihr Leid. Ich bin hinabgestiegen, um sie der Hand der Ägypter zu entreißen." *Ex 3,7-8*

SANCHO: *„Dieser Text passt auch auf unsere Situation."*
SELINE: *„Es ist nicht richtig, dass wir unterdrückt werden."*
PHILIPPO: *„Dieses Wort aus der Bibel gibt uns Mut ..."*
LORENA: *„Ob Gott auch unsere laute Klage hört?"*

Eine Bibelwanderung

Jochen und Beate erzählen: Zu Beginn der Ferien sind wir mit unserer Jugendgruppe ein paar Tage mit dem Rucksack gewandert. Wir haben die Bibel immer wieder aus dem Rucksack geholt und ein Stück daraus gelesen. Dann haben wir miteinander darüber gesprochen, was uns auffällt, was uns wichtig ist, was wir für uns brauchen können. In diesem Jahr lasen wir Weggeschichten aus der Bibel. Dabei haben wir überlegt: „Welche Wege legen wir zurück, welche gehen wir gern, welche sind schwierig, machen uns Angst? Wer begleitet uns?"

Mönche beten mit Worten aus der Bibel

Ich denke an dich
in der Nacht
und sehne mich nach dir
am Tag.

Nach Ps 63

Gott, mein Gott, dich suche ich.

Ps 63,2

Was die Bibel Menschen bedeutet

„In Zeiten des Zweifelns hat mich die Bibel getröstet. Sie ist für mich wie eine zweite Natur."

Marc Chagall, ein Maler

Geh hin und verkaufe alles und gib das Geld den Armen, dann folge mir nach – Dieses Wort der Bibel soll für mich und meine Brüder gelten.

Franziskus, ein Ordensgründer

„Ich brauche die Bibel um zu verstehen, woher ich komme.
Ich brauche sie, weil sie mir in der Not Trost gibt."

Jörg Zink, ein Pfarrer

„Was ist Ihre liebste Lektüre?"
„Sie werden lachen – die Bibel."

Bert Brecht, ein Dichter

Die Bibel – ein Buch für ... Menschen?

„Heute muss ich
in deinem Haus
zu Gast sein."
Lk 19,5b

„Ich rufe dich an,
denn du, Gott,
erhörst mich.
Wende dein Ohr mir zu,
vernimm meine Rufe."
Ps 17,6

Jakob hat seinen
Bruder Esau betrogen.
Jetzt ist er
auf der Flucht ...

- Wähle einen Bildausschnitt oder einen Text aus. Suche dazu die Erzählung im Religionsbuch oder in Meine Schulbibel und erzählt einander die Geschichte.
- In den einzelnen Erzählungen erfahren Menschen Hilfe, Zuwendung und Trost. Für wen kann deine ausgewählte Erzählung auch heute hilfreich sein?
- Suche im Religionsbuch noch weitere Texte aus der Bibel*, die für andere Menschen wichtig sein können.

Das Alte Testament* entsteht

Erinnert euch, was der Vater seinem Sohn Ben über den Auszug aus Ägypten erzählt hat (Seite 26 ff.). Später wollte Ben von seinem Vater wissen, wer diese Erzählungen aufgeschrieben hat.

Der Vater sagt: „Diese Frage ist nicht so einfach zu beantworten.
So ungefähr musst du dir das vorstellen:
Die Erfahrung, dass Gott das Elend der Menschen sieht und sie daraus rettet, hatte die Israeliten so bewegt, dass die Eltern es ihren Kindern und diese es wiederum ihren Kindern weitererzählt haben.
Sie haben auch selbst immer wieder erlebt, dass Gott für sie da ist."

Erst viel später wurden diese Erzählungen aufgeschrieben.
Die Lieder, Gebete, Gedichte sollten die Israeliten an die erfahrene Hilfe Gottes erinnern.

Später sind diese Texte in Buchrollen gesammelt worden.
Die Christen nennen diese Sammlung das Alte Testament.

- Schau in der Bibel nach, wie die „Buchrollen*" geordnet sind.
- Die Geschichte von Josef findest du im Buch Genesis ab Kapitel 37, die Erzählung von der Unterdrückung in Ägypten* im Buch Exodus, Kapitel 1. Das Buch Amos kannst du bei den Propheten finden.

Ein Evangelium entsteht

Jonathan, ein junger Christ, besucht Markus in seiner Schreibwerkstatt.

JONATHAN: *„Woher hast du die vielen Schriften?"*

MARKUS: *„Christen aus verschiedenen Gemeinden haben Predigten von Aposteln und Jüngern gehört und, was für sie wichtig war, haben sie aufgeschrieben."*

JONATHAN: *„Was machst du damit, Markus?"*

MARKUS: *„Ich bin dabei, was Jesus gesagt und getan hat, aufzuschreiben. Dazu kann ich die einzelnen Schriften gut gebrauchen."*

➤ Markus muss die einzelnen Schriften in eine Ordnung bringen.
Wie würdest du vorgehen?

- Finde heraus, wie Markus die Stationen geordnet hat. Was lässt er weg? Was ist ihm wichtig?
- Schlage im Lexikon nach, was das Wort Evangelium bedeutet.
- Was will Markus ausdrücken, wenn er sein Werk über Jesus „Evangelium*" nennt?
- Suche auf einer biblischen Landkarte Galiläa und Jerusalem.

Vom Federkiel zur CD-Rom

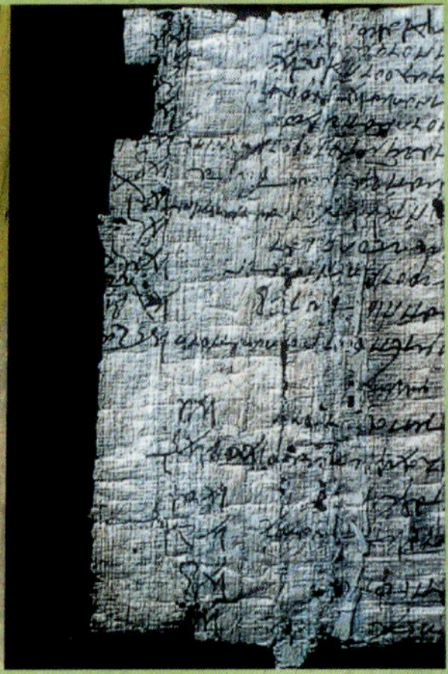

In den ersten Jahrhunderten wurde mühsam aus der Papyrusstaude eine Art von Papier gewonnen, auf dem mit einem Federkiel und einer selbst hergestellten Tinte geschrieben wurde.

Im Mittelalter:
In den Klöstern schrieben Mönche* über Monate und Jahre die Bibel ab und verzierten sie kostbar.
Nur ganz wenige Menschen konnten sich eine Bibel leisten.

Vor 500 Jahren:
Die erste Bibel wurde gedruckt.
Gutenberg* erfand die beweglichen Buchstaben aus Blei. Damit setzte er den Text der Bibel zusammen. Auf diese Weise konnten mehrere Bibeln auf einmal gedruckt werden.

Heute
werden Bibeln
in der Regel am Computer hergestellt.
Sie sind auch als CD-Rom zu kaufen.

- Schau im Lexikon nach, wie aus der Papyrusstaude Papyrus hergestellt wird.
- Wenn ihr eine Schuldruckerei habt, dann könnt ihr selbst Sätze aus der Bibel drucken. Verziert den gedruckten Text.
- Überlegt, wie Menschen, die keine Bibel besaßen oder nicht lesen konnten, von der Botschaft der Bibel erfuhren.

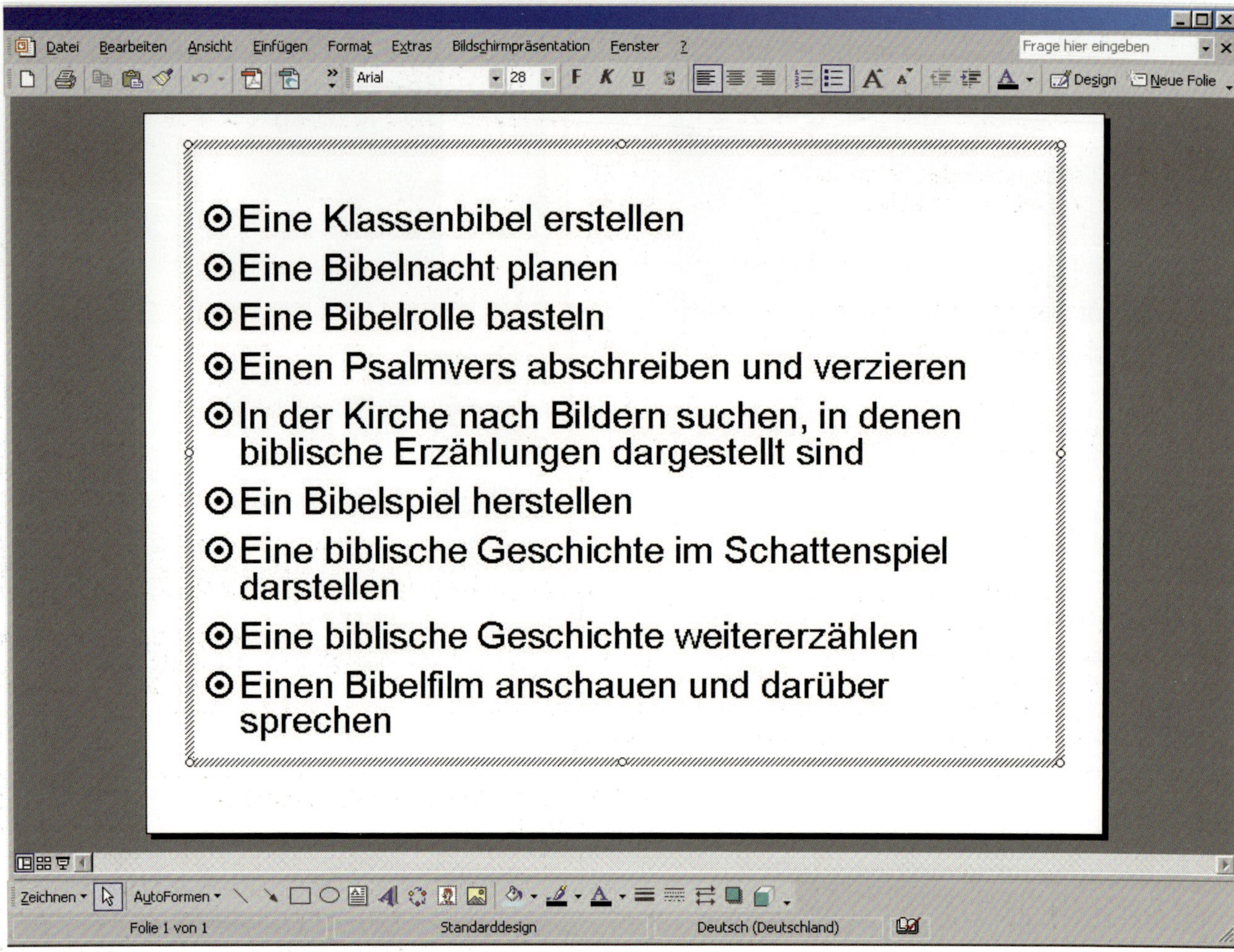
Datei
Bearbeiten
Ansicht
Einfügen
Format
Extras
Bildschirmpräsentation
Fenster
?
Frage hier eingeben
Arial
28
F K U S
Design
Neue Folie
Eine Klassenbibel erstellen
Eine Bibelnacht planen
Eine Bibelrolle basteln
Einen Psalmvers abschreiben und verzieren
In der Kirche nach Bildern suchen, in denen biblische Erzählungen dargestellt sind
Ein Bibelspiel herstellen
Eine biblische Geschichte im Schattenspiel darstellen
Eine biblische Geschichte weitererzählen
Einen Bibelfilm anschauen und darüber sprechen
Zeichnen
AutoFormen
Folie 1 von 1
Standarddesign
Deutsch (Deutschland)

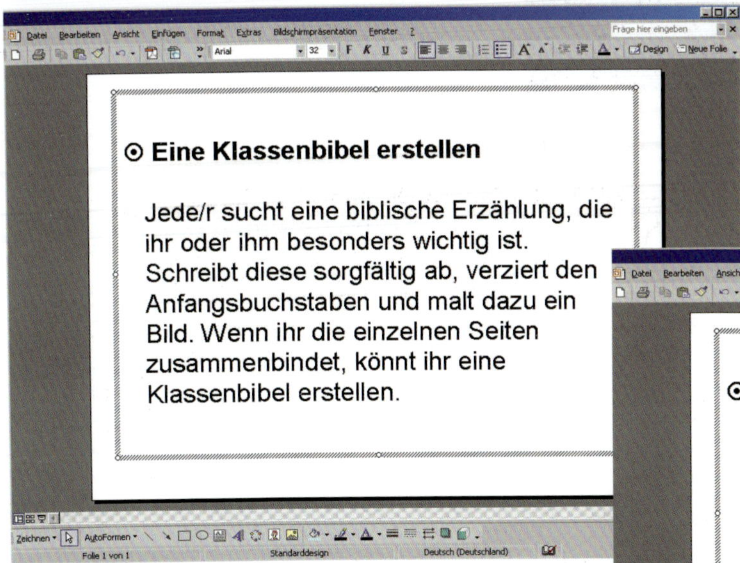
Eine Klassenbibel erstellen
Jede/r sucht eine biblische Erzählung, die ihr oder ihm besonders wichtig ist. Schreibt diese sorgfältig ab, verziert den Anfangsbuchstaben und malt dazu ein Bild. Wenn ihr die einzelnen Seiten zusammenbindet, könnt ihr eine Klassenbibel erstellen.

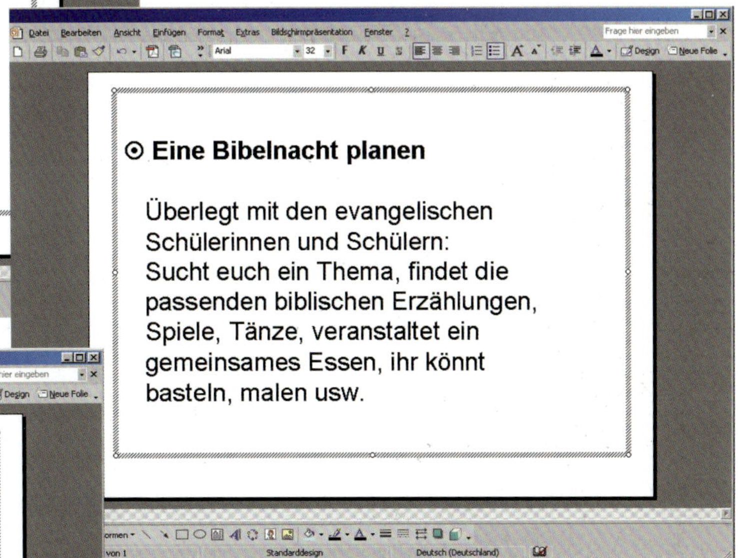
Eine Bibelnacht planen
Überlegt mit den evangelischen Schülerinnen und Schülern:
Sucht euch ein Thema, findet die passenden biblischen Erzählungen, Spiele, Tänze, veranstaltet ein gemeinsames Essen, ihr könnt basteln, malen usw.

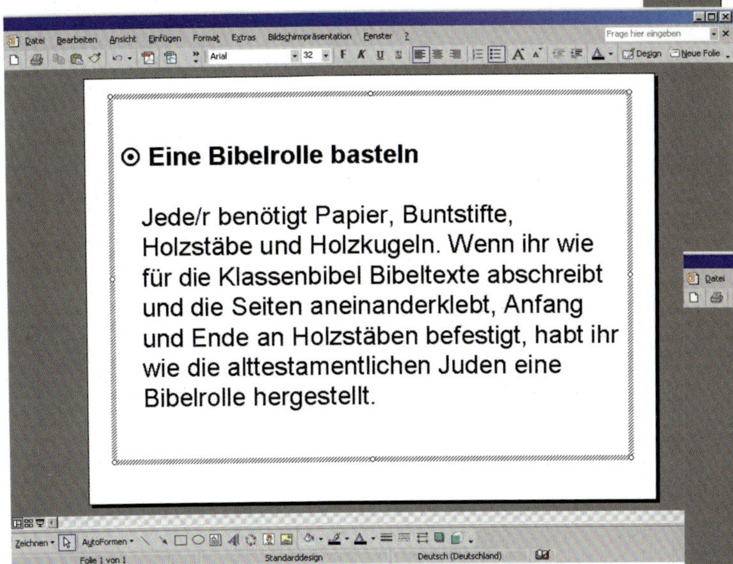
Eine Bibelrolle basteln
Jede/r benötigt Papier, Buntstifte, Holzstäbe und Holzkugeln. Wenn ihr wie für die Klassenbibel Bibeltexte abschreibt und die Seiten aneinanderklebt, Anfang und Ende an Holzstäben befestigt, habt ihr wie die alttestamentlichen Juden eine Bibelrolle hergestellt.

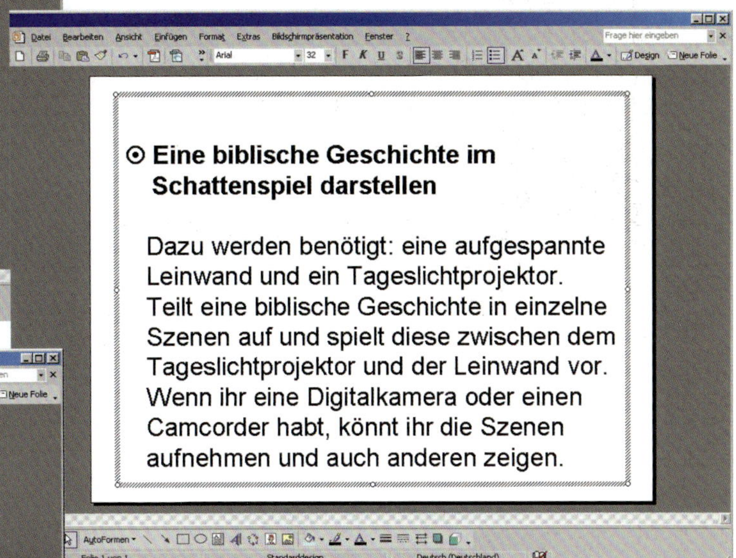
Eine biblische Geschichte im Schattenspiel darstellen
Dazu werden benötigt: eine aufgespannte Leinwand und ein Tageslichtprojektor.
Teilt eine biblische Geschichte in einzelne Szenen auf und spielt diese zwischen dem Tageslichtprojektor und der Leinwand vor.
Wenn ihr eine Digitalkamera oder einen Camcorder habt, könnt ihr die Szenen aufnehmen und auch anderen zeigen.

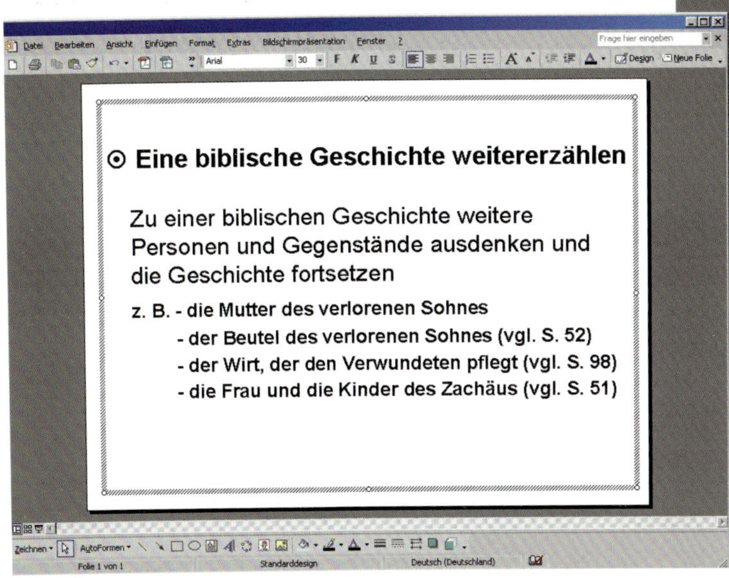
Eine biblische Geschichte weitererzählen
Zu einer biblischen Geschichte weitere Personen und Gegenstände ausdenken und die Geschichte fortsetzen
z. B. - die Mutter des verlorenen Sohnes
- der Beutel des verlorenen Sohnes (vgl. S. 52)
- der Wirt, der den Verwundeten pflegt (vgl. S. 98)
- die Frau und die Kinder des Zachäus (vgl. S. 51)

Ein Bibelspiel

Ein Hirte überquert mit seiner Herde den Weg.
Setze einmal aus.

Betlehem

Bastelt euer eigenes Bibelspiel.
Ihr benötigt dazu diesen Spielplan, den ihr auf DIN A3 vergrößern müsst, einen Würfel und je eine Spielfigur für jede Mitspielerin und jeden Mitspieler. Ungefähr 20 Fragekarten erstellt ihr aus den biblischen Erzählungen zum AT und NT. Die Antworten schreibt ihr auf die Rückseiten. Ihr könnt euer Religionsbuch als Hilfe benutzen oder eure Lehrerin bzw. euren Lehrer fragen.
Start ist Betlehem, Ziel Jerusalem. Wer zuerst starten soll, denkt ihr euch selbst aus (wer eine 6 würfelt, der Jüngste, die Größte, wer Namenstag feiert o. Ä.).
Kommt ein Spieler oder eine Spielerin auf ein weißes Feld, hebt er oder sie die oberste Karte ab und beantwortet die Frage. Bei richtiger Antwort wird noch mal gewürfelt. Die Fragekarte wird unter den Kartenstapel gelegt.
Zu den gelben Feldern gehören die nebenstehenden Ereigniskarten im Buch.
Wer als Erster oder Erste ins Ziel kommt, hat gewonnen.

Du hast von der Auferstehung Jesu gehört. Eile nach Galiläa und erzähle es den Jüngern Jesu.
Rücke drei Felder vor.

Jerusalem

Die Israeliten sind heil durch das Schilfmeer gekommen. Drücke die Freude darüber in Worten und Gesten aus! Du darfst noch einmal würfeln.
In der Wüste Juda entdeckst du eine Oase. Du kannst etwas trinken. Rücke ein Feld vor.
Du bist mit Jakob auf der Flucht. Setze zweimal aus.
Du kletterst wie Zachäus auf den Maulbeer-feigenbaum. Setze einmal aus.
Am See Gennesaret hilfst du den Fischern das Netz mit den Fischen ans Land zu ziehen. Rücke drei Felder vor.

Mein Ich-Buch

Das Ich-Buch begleitet dich durch das dritte Schuljahr. Du schreibst es für dich. Niemand darf es lesen, wenn du nicht willst. Du kannst darin schreiben, malen, dichten, kleben: Alles kommt hinein, was für dich wichtig ist, dich froh macht oder traurig, dich ärgert und dich überrascht.

Vor allem kannst du über dich schreiben, wie es dir geht, von deinen Erlebnissen, deinen Wünschen und Träumen.
Alles, was zu dir gehört, hat im Ich-Buch Platz.
Einige Anregungen findest du auf der folgenden Seite.

Feste und Feiern

- ein Schulfest
- mein Geburtstag
- Weihnachten
- Erstkommunion
- ein Gottesdienst in der Klasse
- Ferien
- mein erster Flug
- ein lustiger Ausflug

Freizeit – Bücher – Musik – Spiele

- ein spannendes Buch und warum es so spannend ist
- meine Lieblingsmusik
- ich spiele ein Instrument und was ich schon kann
- Fußball ist toll
- im Ballettunterricht
- die spannendsten Computerspiele
- ich fotografiere gerne

Wichtiges aus dem Religionsunterricht

- das will ich mir merken: einen Psalm, eine Erzählung, ein Gebet
- ein Lied, das mir gefällt
- ein Bild, das ich immer wieder gerne anschaue
- Fragen, über die ich nachdenke

Freundinnen und Freunde

- was wir zusammen unternehmen und spielen
- wir haben uns gestritten
- meine Freundin, mein Freund ist krank
- wir sind keine Freunde mehr

Meine Familie

- was mir an meiner Familie gefällt
- wann es besonders schön ist zu Hause
- Krach in der Familie
- Oma hat Geburtstag
- Besuch kommt
- ich kann schon viel helfen
- ich habe ein Haustier bekommen

Mein drittes Schuljahr

- wie es angefangen hat
- mein Banknachbar, meine Banknachbarin
- meine Lehrerin, mein Lehrer
- wir bekommen Zeugnisse
- ein interessanter Schultag
- ein langweiliger Schultag
- was ich gut kann
- was mir schwerfällt
- da bin ich ungerecht behandelt worden

Wünsche – Träume – Ängste – Freuden

- wovon ich träume
- wer ich sein möchte
- was ich mir am meisten wünsche
- eine Überraschung
- ich bin krank gewesen
- die Lehrerin, der Lehrer hat mich gelobt
- wovor ich Angst habe

Lexikon

Ägypten
Ägypten ist ein Land in Nordafrika. Es ist fruchtbar durch den Nil. Das ist mit 6700 km einer der längsten Flüsse der Erde. Früher stieg im Sommer der Nil an und überschwemmte das Land. Wenn das Wasser zurückging, blieb Schlamm als Dünger für die Felder zurück.
Ägypten war zur Zeit des Alten Testaments ein großes und mächtiges Reich. Sein König hieß → Pharao. Die Pharaonen ließen für ihre Gräber mächtige Bauwerke errichten, die Pyramiden.

Eine Pyramide wurde als Grab für den → Pharao, den König von → Ägypten, erbaut.

Altes Testament
Das Alte Testament ist der erste Teil der → Bibel. Es beginnt mit den Erzählungen über die Erschaffung der Welt, es beschreibt dann die Geschichte des Volkes Israel, es enthält Lieder und Gebete, wie die Psalmen, und die Erzählungen und die Reden der Propheten.
Der zweite Teil der Bibel, das → Neue Testament, beginnt mit der Geburt und dem Leben Jesu.

Bibel
Die Bibel ist das heilige Buch der Christen. Es besteht aus zwei Teilen: dem → Alten Testament und dem → Neuen Testament mit den vier Evangelien, der Apostelgeschichte, den Briefen der Apostel und der Offenbarung des Johannes.

Buchrollen
Wichtige Texte wurden in biblischer Zeit auf Streifen aus → Papyrus oder Leder geschrieben. Diese Streifen waren etwa 25 cm breit und konnten bis zu 10 Meter lang sein. Sie wurden nur auf einer Seite beschrieben. Der Text war in senkrechten Spalten angeordnet. Die Enden der Streifen wurden auf zwei Stäben zu einer Rolle gewickelt. Durch das Drehen der Stäbe konnte der Text abgerollt und gelesen werden.

Evangelium
Das griechische Wort bedeutet „gute Botschaft" oder „eine Botschaft, die froh macht",

Den Text einer → Buchrolle kannst du lesen, indem du die eine Seite auf- und die andere Seite abrollst.

eine frohe Botschaft. Die Christen verkünden das Evangelium von Jesus, also die gute Botschaft, dass mit Jesus eine neue Zeit des Heils für alle Menschen angefangen hat. Später wurden auch die vier Schriften des → Neuen Testaments, die von den Worten und Taten, vom Leben, vom Sterben und der Auferstehung von Jesus erzählen, „Evangelium" genannt. Diese vier Evangelien heißen das Evangelium nach Matthäus, nach Markus, nach Lukas und nach Johannes.

Gutenberg, Johannes
Johannes Gutenberg ist der Erfinder des Buchdrucks in Europa. Aus rund 290 einzelnen, aus Blei gegossenen Buchstaben und Zeichen wurde der lateinische Text der Bibel zusammengesetzt. Von dieser

Johannes → Gutenberg

so genannten Gutenberg-Bibel wurden etwa 180 Stück gedruckt. Heute sind noch 49 davon erhalten.
Johannes Gutenberg stammte aus Mainz. Der Erzbischof von Mainz nahm Gutenberg später unter seine Hofleute auf. Heute ist die Universität in Mainz nach Johannes Gutenberg benannt. Im Gutenberg-Museum kann man sich über Gutenberg und die Anfänge des Buchdrucks weltweit informieren.

Hospiz
Das Wort kommt aus dem Lateinischen und bezeichnet eine gastliche Herberge. Heute ist ein Hospiz ein Sterbehaus, in dem Menschen die letzte Zeit vor ihrem Tod verbringen können. Sie werden dort in angenehmer Umgebung begleitet und gepflegt. Auch die Angehörigen und Freunde sind beteiligt, damit sich alle gut auf den Tod vorbereiten und vom Leben verabschieden können.

Jahwe (JHWH)
Jahwe ist der wichtigste der biblischen Gottesnamen. Er heißt übersetzt: Ich bin der Ich-bin-da. Der Name ist eine Zusage für die Menschen, dass Gott bei ihnen ist. Aus Ehrfurcht vor Gott spricht der fromme Jude den Namen nicht aus, sondern sagt stattdessen „Herr" (Adonai) oder „der Ewige".

Kippa
Die Kippa ist eine kleine runde Kopfbedeckung, die gläubige Juden beim Gebet tragen.

Menora
Die Menora ist ein siebenarmiger Leuchter. Er ist heute in jeder → Synagoge zu finden. Ursprünglich stand er im Tempel in Jerusalem. Die Menora ist Symbol für das Judentum und für den Staat Israel (→ Abb.).

Menschenrechte
Am 10. Dezember 1948 haben die „Vereinten Nationen" für alle Menschen (gleich welcher Hautfarbe, welchen Geschlechts oder welchen Alters) Gesetze formuliert, die für alle gelten sollen. Dazu gehören: das Recht auf ein Leben in Freiheit und Sicherheit, die Gleichheit vor dem

Dieser große, siebenarmige Leuchter aus Bronze, eine → Menora, steht als Symbol des Staates Israel in Jerusalem.

Gesetz, die Freiheit der Religionsausübung, das Recht auf Eigentum, auf ausreichenden Lebensunterhalt und auf Bildung.
Viele Völker verpflichten sich, diese Rechte in ihren Ländern einzuhalten (→ S. 96/97).

Mesusa
Die Mesusa ist eine kleine Kapsel, die am rechten Türpfosten eines jüdischen Hauses angebracht wird. In der Kapsel sind kleine Schriftrollen mit Bibeltexten untergebracht, zum Beispiel mit Deuteronomium 6,4–9 (→ S. 35). Beim Betreten des Hauses berührt der fromme Jude die Mesusa und wünscht damit den Bewohnern Frieden.

Misereor
Misereor ist ein Hilfswerk der Kirche. Menschen in einem Hilfswerk wollen Armut und Not bekämpfen und sich für eine gerechtere Welt einsetzen. Sie sammeln Spenden ein und informieren über die Menschen in den armen Ländern als unsere Partner. Das Hilfswerk Misereor stellt auch Kindern Informationsmaterial zur Verfügung.

MISEREOR
Aktion gegen
Hunger und
Krankheit in
der Welt
Mozartstr. 9
52064 Aachen

MISEREOR
● DAS HILFSWERK

Mönche
Mönche und Nonnen leben in Klöstern und Ordensgemeinschaften. Die Gemeinschaften haben verschiedene Ziele und Aufgaben, zum Beispiel Krankenpflege, Seelsorge, Erziehung und Unterricht, Mission, Fürbittgebet, Buße. Deshalb brauchen sie für ihr Zusammenleben auch verschiedene Regeln (Lat. *ordo*). Alle Mönche und Nonnen geloben, arm, ehelos und gehorsam zu leben und ihr ganzes Leben in den Dienst Gottes und der Menschen zu stellen.

Neues Testament
Das Neue Testament ist neben dem → Alten Testament der zweite große Teil der → Bibel. Das Neue Testament wurde in griechischer Sprache geschrieben. Die vier Evangelien beschreiben das Leben und die Taten von Jesus, seinen Tod und seine Auferstehung. Die Apostelgeschichte und viele Briefe geben Auskunft über die Verkündigung der frühen Christinnen und Christen. Dazu kommt noch die so genannte Offenbarung des Johannes.

Papyrus
Die Papyrusstaude wächst im Wasser. Ihre armdicken Stängel werden bis zu vier Meter hoch. Aus ihnen stellte man Papier her. Dazu wurde das Innere der Stängel in Streifen geschnitten. Die Streifen legte man nebeneinander und in einer zweiten Schicht quer darüber. Nach dem Trocknen wurde die Oberfläche mit einem harten Gegenstand geglättet. Einzelne Blätter klebte man aneinander und rollte sie auf. Die ersten biblischen Texte sind auf Papyrus geschrieben (→ S. 118).

Pessach (auch Pas-cha; Passa)
Pessach wird bei den Juden jährlich mit der ganzen Familie

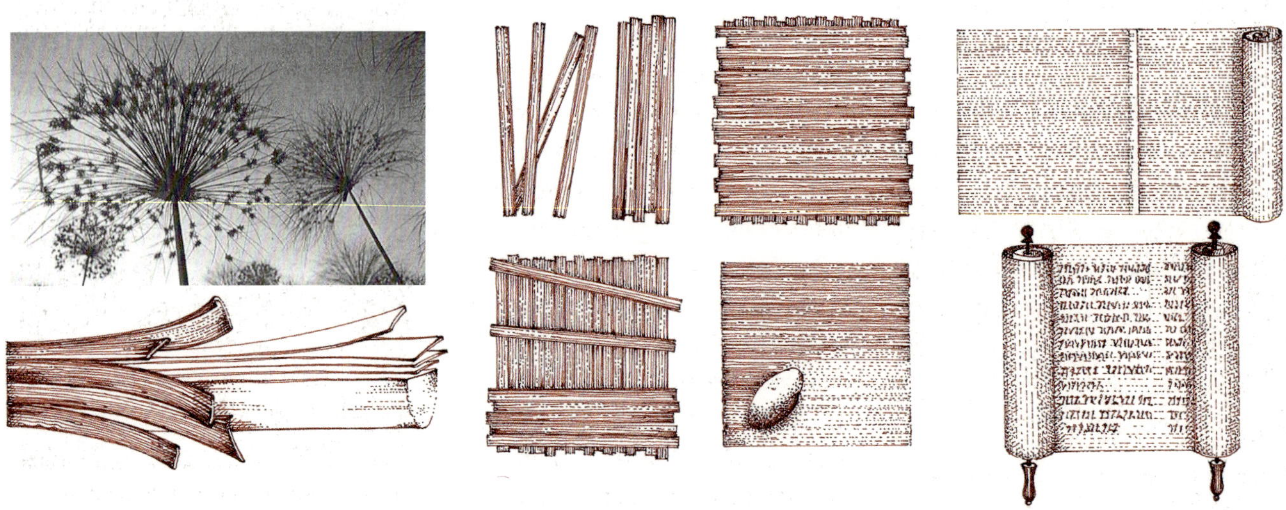

Das Mark der → Papyruspflanze wird in mehreren Arbeitsschritten zu Papier und dieses zu → Buchrollen verarbeitet.

gefeiert zur Erinnerung an den Auszug aus Ägypten. Das Fest beginnt mit dem → Seder-Abend. Ein feierliches Essen mit genau festgelegten Speisen steht dabei im Mittelpunkt. Das jüngste Kind am Tisch stellt vier wichtige Fragen. Daraufhin trägt der Hausvater die Erzählung vom Auszug aus Ägypten vor. Lieder und Gebete begleiten die Feier (→ S. 26/27).

Pharao

Pharao ist der biblische Name für die Könige in → Ägypten. Ursprünglich wurde der königliche Palast so genannt (großes Haus), später der König. Eine wichtige Aufgabe des Pharao bestand darin, den Willen der Gottheit zum Wohl des Volkes zu erfüllen.

Dieser → Pharao, König von → Ägypten, packt Gefangene am Schopf.

Pharisäer

Pharisäer sind eine religiöse Gruppe von Männern zur Zeit Jesu. Sie befolgten genau das Gesetz (→ Tora). Beim Volk waren sie wegen ihrer frommen Lebensweise und ihrer Gesetzeskenntnis sehr angesehen. Jesus kritisierte sie wegen ihrer manchmal selbstgerechten Frömmigkeit und wenn sie unbarmherzig gegen andere Gläubige waren.

Psalmen

Psalmen sind Gebete und Lieder, die vor allem im Buch der Psalmen (→ Altes Testament) gesammelt sind. Im Vertrauen auf Gott bringen die Menschen in diesen Gebeten und Liedern alles, was sie bewegt, vor ihn. Sie seufzen, klagen, haben Angst, sie freuen sich, jubeln, loben Gott, danken ihm und hoffen auf seine Hilfe.

Prophet

Prophet/innen sind von Gott berufen, seinen Willen dem Volk und den Mächtigen zu verkünden. Vor allem verurteilen sie ungerechtes Verhalten gegenüber den Armen und Schwachen. Sie rufen dazu auf, → Jahwe die Treue zu halten und nicht fremden Göttern nachzulaufen. Sie sprechen den Menschen auch Mut zu und erinnern sie an Gottes Treue und Liebe. Amos (→ S. 94/95) und Elija (→ S. 16) waren bedeutende Propheten zur Zeit des → Alten Testaments.

Ein Harfenspieler spielt auf einem Instrument mit sieben Saiten. Zu den Klängen solcher Harfen sind wahrscheinlich die → Psalmen gesungen worden.

Der Künstler hat einen → Propheten gestaltet, der „ganz Ohr" ist und auf das Wort Gottes lauscht.

Ein jüdisches Mädchen empfängt den Sabbat-Segen durch die Mutter am Beginn des → Sabbat.

Rabbi
Rabbi heißt: mein Lehrer, mein Meister. Zur Zeit Jesu wurden die Gesetzeslehrer so genannt. Der Rabbi wachte über die richtige Auslegung und Anwendung der → Tora.

Sabbat (auch Schabbat)
Der Sabbat ist der Ruhetag der Juden. Er beginnt am Freitagabend mit Einbruch der Dunkelheit. Die Hausfrau begrüßt den Sabbat mit dem Entzünden der beiden Sabbat-Kerzen und spricht über sie den Segen. Am Sabbat ist jede Arbeit verboten. Die Familie ruht sich aus, freut sich über die freie Zeit, sie liest in der Bibel und besucht den Gottesdienst in der → Synagoge. Am Sabbat erinnern sich die Juden an die Wohltaten Gottes, die er in seine Schöpfung gelegt hat. Der Sabbat endet am Samstag mit dem Einbruch der Dunkelheit (→ S. 36/37).

Schalom
Das hebräische Wort heißt übersetzt Friede und schließt alles ein, was zu einem gesunden, harmonischen Leben gehört. Juden grüßen mit „schalom" und wünschen sich damit Glück, Wohlergehen und Gesundheit.

Seder-Abend
Der Seder-Abend ist der feierliche Abend zu Beginn des → Pessach-Festes. Er verläuft nach einer festen Ordnung (hebr. *Seder*). Daher hat er seinen Namen (→ S. 34).

Segen
Segen meint Wohlwollen als Gabe Gottes. Dieses Wohlwollen Gottes liegt über der Schöpfung und umfasst alle Menschen. Der Segen meint die Zusage Gottes: Ich bin mit dir, ich umgebe dich mit meiner Kraft. Wenn Menschen einander segnen, erbitten sie die Kraft Gottes für den Gesegneten.

Streitschlichter
Diese Mitschüler/innen helfen dabei, dass Streitende eine Lösung finden, die beide Seiten zufrieden stellt. Sie werden

Im Gottesdienst in der → Synagoge: Der Vorleser ist in seinen Gebetsmantel (→ Tallit) gehüllt. Er steht vor dem → Tora-Schrein. Er singt → Psalmen. Gleich wird er ein Gemeindemitglied aufrufen, aus der → Tora zu lesen. Aus Ehrfurcht vor Gott haben die Männer ihren Kopf mit der →Kippa bedeckt.

auch Konfliktlotsen oder Paten genannt.
Dies sind die Schritte bei einer Streitschlichtung: 1. Der Streitschlichter erklärt die Regeln. 2. Der eine stellt seine Sicht des Streits ruhig und höflich dar. Der andere lässt ausreden und hört gut zu. Dann wird gewechselt. 3. Der Streitschlichter fragt nach, bis beide ihre Gefühle und Wünsche genau verstanden haben. 4. Die Streitenden sammeln Lösungsideen, bewerten sie und einigen sich auf eine. 5. Diese formulieren sie als Vereinbarung und schreiben sie auf. Alle unterschreiben zum Zeichen, dass sie sich daran halten werden.

Synagoge
Eine Synagoge ist der Versammlungsort der jüdischen Gemeinde. Hier finden die Synagogengottesdienste statt, hier ist auch der Ort für den Unterricht und für das Gespräch miteinander. Das Zentrum der Synagoge ist der Schrein, in dem die → Torarollen aufbewahrt werden.
Der Gottesdienst besteht aus der Schriftlesung, dem Gebet und der Auslegung der Schrift.

Tallit
Der Tallit ist der Mantel, den die Juden beim Gebet tragen. Er besteht aus einem viereckigen weißen Tuch mit dunklen Streifen. An den Enden sind Quasten angebracht, die den Beter an die Gebote erinnern sollen. Wie der Mantel, so umgibt Gott den Beter mit seiner Fürsorge.

Teffilin
Teffilin sind Gebetsriemen mit zwei schwarzen Kapseln, in denen Bibeltexte aufbewahrt sind. Die Kapseln trägt der Jude an der Stirn und an der Innenseite des linken Oberarms, gegenüber dem Herzen, wenn er betet (→ S. 35).

Tora (auch Thora)
Tora heißt so viel wie Unterweisung oder Lehre, die Gott seinem Volk Israel durch Priester und → Propheten bekannt gemacht hat. Vor allem in den ersten fünf Büchern des → Alten Testaments finden die Juden die Gesetze Gottes niedergeschrieben. Deshalb werden diese fünf Bücher auch einfach Tora genannt.

Tora-Schrein
→ Synagoge

Zöllner
An manchen Grenzen muss man Zoll bezahlen, wenn man bestimmte Waren in das Land einführen will. So war es schon im Römischen Reich zur Zeit Jesu. Die Römer erhoben an bestimmten Plätzen Zoll, zum Beispiel vor Stadttoren. Die dafür eingesetzten Zöllner waren in der Bevölkerung nicht beliebt. Denn sie arbeiteten mit den nicht-jüdischen Römern zusammen und sie nahmen den Reisenden und Händlern oft zu viel Geld ab, um sich selbst zu bereichern.

Beim Beten legen Juden die Gebetsriemen (→ Teffilin) an. Gott ist in ihren Gedanken, an ihrem Herzen und ihrer Hand.

Die → Tora-Rollen werden im → Tora-Schrein in der → Synagoge aufbewahrt.

Quellenverzeichnis

4 Foto in: Elmar Gruber, Brot teilen, Begegnung und Gespräch. Ökumenische Beiträge zu Erziehung und Unterricht, Nr. 133 7/2002, Titelbild

5 Foto: Claudia Lueg, München – Heribert Haberhausen, Den Horizont erweitern. Kurzgeschichten für Schule und Gemeinde, Patmos-Verlag 1996, S. 13 ff. (leicht gekürzt) Copyright © 2010 Bayerischer Schulbuch Verlag GmbH, München

6 T: Pater Michael Hermes (nach der Regel des hl. Benedikt)/M: aus England © Benediktiner Abtei Königsmünster, Meschede

7 Paul Klee (1879-1940), Grenzen des Verstandes, 1927, 298 (Omega 8), 56,2 x 41,5 cm, Bleistift, Öl- und Wasserfarbe auf Grundierung auf Leinwand; originale Rahmenleisten Bayerische Staatsgemäldesammlungen/Staatsgalerie moderner Kunst, München, Foto: Artothek

8 Kinderzeichnung in: Lothar Kuld, Das Entscheidende ist unsichtbar. Wie Kinder und Jugendliche Religion verstehen, Kösel-Verlag in der Verlagsgruppe Random House GmbH, München 2001, S. 52 – in: Benita Glage, Warum bleibt der Gott im Himmel? Mit Kindern über das Leben nachdenken. Ein Lesebuch, Kösel-Verlag in der Verlagsgruppe Random House GmbH, München 1992, S. 121

9 Zeichnung eines 10-jährigen Mädchens, in: Walter Lang, Gottesvorstellungen bei Kindern und Jugendlichen, Calig-Verlag, München 1978, Bild 28 – Quelle nicht zu ermitteln – Kinderzeichnung: Gott als Frau in: Stephanie Klein, Gottesbilder von Mädchen, Kohlhammer-Verlag, Stuttgart 2000, Bild 8 nach S. 112

11 Lene Mayer-Skumanz, Wie Kathi sich Gott vorstellt, in: dies., Jakob und Katharina. Geschichten zum Lesen, Spielen und Weiterentdecken, Herder-Verlag, Freiburg 1981 (Mädchenname mit Zustimmung der Autorin geändert)

12 Fotos: Sternwarte, Bochum – Reinhard-Tierfoto, Heiligkreuzsteinach – in: Hallo, Mister Gott, hier spricht Anna, übersetzt von Helga Eller Neumann, Scherz-Verlag, München 1975

13 Petra Freudenberger-Loetz, in: Schönberger Hefte 1999, H. 1 – in: Karin Schupp (Hg.), 200 kurze Geschichten für Kinder von 5-10, Verlag Ernst Kaufmann, Lahr 1999, S. 177

14 T: Reinhard Bäcker/M: Detlev Jöcker © Menschenkinder Verlag, Münster

15 Marc Chagall (1887-1985), Jakobs Traum, 195 x 278 cm (linke Hälfte) © VG Bild-Kunst, Bonn 2011

17 © Sieger Köder (geb. 1925), Elija am Horeb

18 Lene Mayer-Skumanz, in: Dietrich Steinwede (Hg.), Neues Vorlesebuch 1, Verlag Ernst Kaufmann, Lahr ³1996, S. 329

21 Zitate: Quelle nicht zu ermitteln

22 T: Sybille Fritsch /M: Fritz Baltruweit © tvd-Verlag, Düsseldorf

24 Foto: Anton Meßmer, München – Gebet: Maren C. Tirabassi/Kathy Wonson Eddy, in: Gifts of many cultures. Worship Resources for the Global Community, United Church Press, Clevland 1995, S. 26, aus dem Englischen übertragen von Jörg Schirr

25 Marc Chagall (1887-1985), Jude mit Torarolle, 1941, Musée du Louvre © VG Bild-Kunst, Bonn 2011

26 Fotos in: Juden leben unter uns 3: Jüdische Feste, Bild III/ 33, Tonbild – in: Reinhold Then, Das Judentum, hg. v. Religionspädagogischen Seminar der Diözese Regensburg, 1991, S. 39

27 Foto in: s. S. 26 – ebd.

33 Durchzug durch das Meer, Stuttgarter Psalter, um 820, Kösel-Archiv

34 Fotos: siehe S. 26 – ebd. III/31

35 Foto in: Das Judentum. Folien und Texte, hg. v. Religionspädagogischen Seminar Regensburg, o. J.

36 Foto: Klaus Herzog, Aachen

37 Nikola Richter, in: Einführung in das Judentum, IRP Unterrichtshilfen für den RU an Hauptschulen, hg. v. Institut für Religionspädagogik, Freiburg 1999, S. 67

39 Edward Hicks (1780-1849), Das Königreich des Friedens, 1826, Öl auf Leinwand, 82,5 x 105,5 cm (Detail), Kösel-Archiv

41 Friedensreich Hundertwasser (1928-2000), (227) Ein Regentropfen, der in eine Stadt fällt, 1955, Aquarell, 42 x 41 cm © Hundertwasser-Archiv, Wien

42 in: Albert Biesinger/ Herbert Bendel/ David Biesinger, Gott mit neuen Augen sehen. Wege zur Erstkommunion. Familienbuch, Kösel-Verlag in der Verlagsgruppe Random House GmbH, München 1999, S. 74, bearbeitet

46 Grafik: Kösel-Archiv – Text: Peter Spangenberg, in: Dem Himmel auf der Spur, Bahn Verlag, Konstanz 1991, S. 75 (vom Autor bearbeitet)

48 in: Heribert Haberhausen, Geschichtenbuch Religion, Bd. 1 Grundschule, Patmos-Verlag 1999, Nr. 95, S. 207 Copyright © 2010 Bayerischer Schulbuch Verlag GmbH, München

51 nach: Wilhelm Willms, Der geerdete Himmel, Wiederbelebungsversuche. Meditationen, Bilder, Geschichten, Texte, Butzon & Bercker, Kevelaer 1986, S. 55

53 Max Slevogt (1868-1932), Der verlorene Sohn, 1898/99, 110 x 98 cm, Triptychon, Öl auf Leinwand, Staatsgalerie Stuttgart

54 in: Heribert Haberhausen, Geschichtenbuch Religion Bd. 1 Grundschule, Patmos-Verlag 1999, S. 265f. Copyright © 2010 Bayerischer Schulbuch Verlag GmbH, München

56 Foto: Ulrike Wolf, Roth

58 T: Christine Heuser/M: Oskar Gottlieb Blarr © Gustav Bosse Verlag, Kassel

59 Duccio di Buoninsegna, genannt Maestà (um 1255 – um 1318), Abendmahl, Kösel-Archiv

64 Fotos: Inge Höpfl, Tirschenreuth

67 Die Brotvermehrung. Miniatur aus dem Goldenen Evangeliar von Echternach, um 1045. Nürnberg, Germanisches Nationalmuseum (fol. 53') – Foto: © Anthony Picture Power, Eurasburg

68 Gedicht in: Lothar Zenetti, Sieben Farben hat das Licht, Pfeiffer Verlag, Donauwörth 1987 – Lied: T: Christoph von Schmid/ M: Melchior Vulpius, Gotteslob 537

69 Fotos: Kösel-Archiv

71 Roland Peter Litzenburger (1917-1987), Vom Kreuztod nach Emmaus, 1972, Feder-Tusche-Aquarell © Gretel Kunze, Markdorf

73 Fotos: Missio, München – dpa – Andrea Wirth, Hengersberg

74 Fotos: Andreas Spatz, Ellzee

75 Paul Klee (1879-1940), Bunte Gruppe, 1939, 1133 (JK 13), 42/41 x 39/ 39,5 cm, Kreide, Ölfarbe und Aquarell auf Baumwolle mit Leimtupfen auf Karton, Privatbesitz/Schweiz

76 Fotos: Ulrike Wolf, Roth – Inge Höpfl, Tirschenreuth – Heiko Eckert

77 Fotos: Michael Bauer, Nürnberg – Inge Höpfl, Tirschenreuth – Lied: T/M: Annegret Pietron-Menges © Patmos Verlag, Düsseldorf 2001

82 Foto: Karl F. Bauer, Augsburg – Lied: T: Diethard Zils, nach Psalm 95/ M: Volkslied aus Israel © Gustav Bosse Verlag, Kassel – Gotteslob Nr. 508

84 Foto: Karl F. Bauer, Augsburg

85 Lied: T/M: Dieter Trautwein © Strube Verlag, München, Berlin

86 Verkündigung, Schottenmeister, Wien – Andreas Felger (geb. 1933), Aquarell „Ich bin die Tür" © Präsenz Verlag, D-65597 Hünfelden

87 Gerard van Honthorst, Die Anbetung der Hirten, 1622, Wallraf-Richartz-Museum Köln. WRM 2122 (Ausschnitt) – Ausgießung des hl. Geistes, Osnabrücker Altar, um 1375

89 T: nach Don Bosco/M: Reinhard Horn © Kontakte Musikverlag, Ute Horn, Lippstadt

91 Misereor-Hungertuch „Ein Jahr, das Gott gefällt – Neubeginn und Befreiung" von Suryo Indratno © 2000, MVG Medienproduktion, Aachen

92 Fotos: Brigitte Kraemer, Herne – Ursula Zeidler, Taubenbach/Reut – Benjamin Pütter, Misereor – dpa

93 Gina Ruck-Pauquèt, Die alte Frau, in: Neues Vorlesebuch Religion 1, hg. v. Dietrich Steinwede, Ernst Kaufmann Verlag, Lahr 1996, S. 94 f. (leicht gekürzt)

96 Foto: KNA, Frankfurt

97 aus: Bühlmann/Schwegler, Der Prophet Amos, rex verlag luzern

99 Paula Modersohn-Becker (1876-1907), Der barmherzige Samariter, 1907, Pappe, 31,2 x 37 cm, bez. u. l. PM-B, Busch/Werner WV Nr. 723, Privatbesitz

100 Foto: Bruder Martin Berni, Ingolstadt

101 Fotos: Kinderhilfe Bethlehem im Deutschen Caritasverband, Freiburg

103 Paula Modersohn-Becker (1876-1907), Das blinde Schwesterchen, um 1903, Pappe, 32,2 x 33,5 cm, Busch/Werner WV Nr. 407, Slg. Haubrich im Museum Ludwig, Köln

105 T: Norbert Weidinger, Rolf Krenzer/M: Ludger Edelkötter © KiMu Kinder Musik Verlag, Velbert

106 T: nach einem afrikanischen Sprichwort/M: Detlev Jöcker © Menschenkinder Verlag, Münster

107 Ernst Barlach (1870-1938), Lesender Klosterschüler, Holz, 1930, 29 x 18 x 11,5 cm © Ernst Barlach Lizenzverwaltung, Ratzeburg 2002

110 Fotos: Achim Pohl, Essen - Hans-Günther Kaufmann

111 Foto: Wim von der Kalten, Abtei Münsterschwarzach

112 Paula Modersohn-Becker, Der barmherzige Samariter, 1907 (Ausschnitt), siehe S. 99 – Max Slevogt, Der verlorene Sohn, 1898/99 (Ausschnitt), siehe S. 53

113 © Sieger Köder, Elija am Horeb (Ausschnitt), siehe S. 17 – Durchzug durch das Meer (Ausschnitt), siehe S. 33

118 Fotos: Marshall Editions Limited, London – Evangelisch-reformierte Landeskirche, Pädagogik und Animation, Zürich (3)

119 Fotos: Evangelisch-reformierte Landeskirche, Pädagogik und Animation, Zürich (3) – Irene Löffler, Friedberg

124 unter Verwendung einer Illustration von Gabriele Hafermas

126 Foto: Renate Fischer, Augsburg

127 Fotos: Gutenberg-Museum, Mainz – Kösel-Archiv

129 Ägypten, 13. Jahrhundert v. C., Ägyptisches Museum, Kairo, Foto: G. Dagli Orti, Paris – Harfenspieler in: Werner Trutwin, Licht vom Licht. Religionen in unserer Welt, vormals Patmos-Verlag, Düsseldorf 1976, S. 23 – Wilhelm Groß, Hörer göttlicher Rede, in: F. J. Stendebach, Rufer wider den Strom. Sachbuch zu den Propheten Israels, Katholisches Bibelwerk, Stuttgart 1988, Rechte Wilhelm Groß Nachlass, Berlin

130 Fotos: Brigitte Zein-Schumacher, Arnsberg – altro-Fotoagentur, Regensburg

131 Fotos: altro-Fotoagentur, Regensburg – Mepha, London

Alle Bibelstellen, wenn nicht anders angegeben © Kath. Bibelwerk Stuttgart
Die überwiegende Zahl der Quellenangaben ist aufgeführt. In Einzelfällen ließen sich die Rechteinhaber oder Quellen nicht rekonstruieren. Für Hinweise sind wir dankbar. Sollte sich ein/e nachweisbare/r Rechtsinhaber/in melden, zahlen wir das übliche Honorar.